ROUTE NATIONALE

3

| L. Briggs | B. Goodman-Stephens | P. Rogers |

... Ma soeur Alice, qui est opératrice sur ordinateur aime Patrice, qui est agent de police

Nelson

Thomas Nelson and Sons Ltd
Nelson House, Mayfield Road
Walton-on-Thames, Surrey
KT12 5PL, UK

51 York Place
Edinburgh
EH1 3JD, UK

Nelson Blackie
Wester Cleddens Road
Bishopbriggs
Glasgow
G64 2NZ UK

Thomas Nelson
(Hong Kong) Ltd
Toppan Building 10/F
22a Westlands Road
Quarry Bay, Hong Kong

Thomas Nelson Australia
102 Dodds Street
South Melbourne
Victoria 3205, Australia

Nelson Canada
1120 Birchmount Road
Scarborough, Ontario
M1K 5G4, Canada

First published by
Thomas Nelson and Sons Ltd 1994

ISBN 0-17-439510-8
NPN 9 8 7 6 5 4 3 2

Acknowledgements

The authors and publishers
would like to thank the
following for permission to use
their material:

France:
Okapi, Bayard Presse, 1992:
Retour à l'île de mon enfance,
Eric Lagesse pp.12–13; Les dents
p.46; Les climats de la terre
pp.54–55

Québec:
Les Débrouillards, 1992: Lettre de
Madeleine p.45; Des véhicules au
gaz naturel (No. 112) p.73; Une
expérience inoubliable p.127

The authors and publishers
would like to thank the
following for their help in
providing authentic materials,
interviews, opinion polls and
advice:

France:
Elisabeth Poiret, Cordes; Anne
Bancilhon, Reims; Danièle
Beauregard, Reims; Gérard
Bony, Perpignan; Jean-Pierre
Cuq, Cordes; Léon Daul,
Strasbourg; Dominique Dieterlé,
Concarneau; Jean Feydel, Paris;
Fanfy Gandiglio, Cordes; Jean
Gaudiche, Orsay; Laurence
Gaudiche, Orsay; Pierre
Gauthier, Essonne; Marie-France
Hergott, Essonne; Monique
Lévy, Essonne; Michèle Lizaga,
Reims; La Famille Luc, Blaye;
Eleri Maitland, Rouen; Adrian
Park, Reims; Pierrick Picot,
Angers; Emma Rogers, Cordes;
Barbara Tombs, Angers;
Danielle Tragin, Essonne; Jean-
Claude and Isabelle Villin,
Essonne.

Other countries:
Abdul Adady, England; André
Bailleul, Guinea; Kuldip Bansal,
England; Pierrette Berthold,
Quebec; Margaret Briggs,
England; M. Colombini,
Conseiller Culturel, Guadeloupe;
H Cronel, Cameroun; Pierre
Faugère, Togo; Pamela
Goodman-Stephens, England;
Anna-Lise Gordon, England; R
Guilleneuf, Bénin; Derek
Hewett, England; Marine
Huchet, England; Alex Hume,
England; Inspecteur
d'Académie, Corsica; Richard
Johnstone, Scotland; Cathy
Knill, England; Jean-Luc Lebras,
Ivory Coast; Michel Morand,
Togo; John Pearson, England;
Dr R C Powell, England; Leila
Rabet, Algeria; François Rouget,
Jersey; Sheila Rowell, England;
Mary Ryan, England; David
Thomas, Wales; Margaret
Tumber, England; Pamela
Walker, England; Jane Willis,
England; Christine Wilson,
England.

Also students and teachers from
the following establishments;

France:
Auberge de Jeunesse,
Marmande; Camping St-Laurent,
Concarneau; Collège Camus,
Neuville-les-Dieppe (especially
Jeanine Godeau); Collège de
Cordes, Tarn; Institut Notre
Dame, La Flèche (especially
Philippe and Chantal Heuland);
Lycée Bellevue, Albi; Ecole
maternelle Jean Rostand,
Angers; Lycée Pouillé, Angers;
Collège Rabelais, Angers;
Collège St Augustin, Angers.

Other countries:
Chalet Beaumont, Quebec;
Collège Béninois, Bénin; Collège
Général de Gaulle, Guadeloupe;
Collège Jean Mermoz, Ivory
Coast; Collège de Luccina,
Corsica; Collège Saint Esprit,
Senegal; Collège Saint Michel,
Senegal; Collège Trois Sapins,
Switzerland; Collège du Vieux
Lycée, Corsica; Ecole
Fondamentale Montagne 1,
Algeria; Ecole Française, Congo;
Ecole de Lome, Togo; Lycée
Français, Cameroun; Lycée
Français Guinée; Lycée Français,
England; Polyvalente Deux
Montagnes, Quebec; Polyvalente
Saint Eustache, Quebec.

Songs

'La chanson du boulot': lyrics
and melody by Lol Briggs.
All other songs: lyrics and
melody by Paul Rogers.

Illustrations

'Alphonse et …' cartoons: words
by Paul Rogers and art by
Jacques Sandron.

Also: Arlene Adams, Alan Adler,
Debi Ani, Syrah Arnold,
Véronique Cantero, Christophe
Caron, Isabelle Carrier,
Clive Goodyer, Nick Hawken,
Tim Kahane, Genia Kalatchev,
Gillian Martin, Jean-Marie
Renard, Jane Smith, Andrew
Whiteley.

Photographs

Air France: pp.24, 28
Stuart Boreham: p.28
Eve-Lucie Bourque: p.127(2)
Bubbles Photo Library: pp.22, 35
J Allan Cash: p.6
Jean-Pierre Cuq: p.119(2)
Les Débrouillards: p.73(2)
Sylvain Espinosa: p.122
Keith Gibson: p.27(4)
Greenpeace: pp.56(2), 57
Robert Harding: pp.25, 28(2), 38
Hutchison: pp.13, 56
Picturepoint: pp. 5, 12(2),38
Lycée Pouillé: p.5
Rex Features: pp. 5, 57
Paul Rogers: pp. 5, 8(4), 9(4),
11(9), 17(2), 20(6), 24(3), 28, 31,
37, 39, 40(4), 41(4), 42(3), 43(2),
44(3), 45(2), 47(2), 59, 62(2),
68(5), 70(3), 74(6), 75(7), 76(8),
77(10), 81(4), 82(3), 83(2), 84,
87(4), 89(7), 90(4), 92(2), 106,
110(3), 114(4), 118(6), 119, 120,
122(2), 123(7), 124(3), 125(3),
126(10), 129(5)
David Simson: pp. 8, 22, 24(2),
25(5), 27(3), 28, 34, 36(10), 37,
40(2), 43, 45(4), 50, 53(2), 55(2),
57(4), 59(4), 61(2), 62(2), 63(2),
72, 79(3), 84(5), 86(4), 106(5),
109, 110(4), 115(8), 118, 124(2)
Tony Stone Worldwide: pp.13,
53, 57
Zefa Picture Library: pp.6, 38

ROUTE NATIONALE – ÇA FONCE!

D'abord, tu roules avec ton professeur.

Puis c'est à toi de décider. A la fin de chaque chapitre tu trouves **entrée libre** où tu as

le choix:

- Route Touristique (RT) – *on roule doucement.*
- Route Directe (RD) – *on roule plus vite.*
- Autoroute (A) – *à toute vitesse.*

Et pour les solutions?

Facile – demande à ton professeur. *Ça roule bien?* Remplis ton

Permis de conduire. N'oublie pas le vocabulaire

et 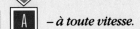 Le code de la route

 *Quoi de neuf?* **A propos** un peu de grammaire.

Bon Courage et bonne route!

CONTENTS PAGE

Objectif 1

Parler des vacances

Les vacances d'été

Enquête: les Français en vacances

seize millions en été

six millions en été et en hiver

huit millions en hiver

Trente millions de Français partent en vacances.

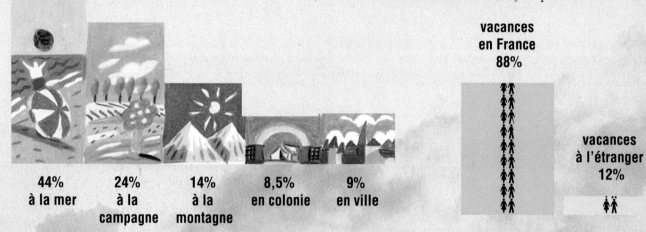

| 44% à la mer | 24% à la campagne | 14% à la montagne | 8,5% en colonie | 9% en ville |

vacances en France 88%

vacances à l'étranger 12%

Les week-ends des Français

Vous partez en vacances souvent le week-end?

4% toutes les semaines

13% une ou deux fois par mois

28% une ou deux fois par an

24% rarement

31% jamais

Comment voyagez-vous?

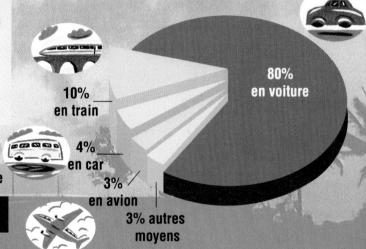

10% en train

4% en car

3% en avion

80% en voiture

3% autres moyens

Où allez-vous le week-end?

10% vont en général dans leur résidence secondaire

55% vont chez des parents

43% vont chez des amis

13% vont à l'hôtel

16% vont en camping

Quiz – concours vacances

Ecoute le quiz sur la cassette et réponds aux questions. Est-ce que tu pourrais gagner le prix mystère?

Les grandes vacances

Ecoute la cassette et suis les textes.

Frédéric

«Je ne suis pas parti en vacances. Tous les jeudis je faisais du théâtre avec des copains au club St.Ex. A la fin des vacances on a monté un spectacle. C'était extra!»

«Je suis allé en colonie avec mes cousins. D'abord j'ai pris le train tout seul à Grenoble. Là, j'ai passé trois jours avec mes cousins avant de partir tous ensemble en colonie. Tous les jours on faisait toutes sortes d'activités: des randonnées, du canoë-kayak et de la voile. Le soir on chantait à la discothèque. C'était super!»

2 Daniel

3 Martine

«On est allé à Nice. C'était parfait. La promenade était large et plate. Au centre-ville il y avait une zone piétonne et l'accès aux magasins était assez facile. Le seul inconvénient, c'était les galets sur la plage. Mais l'eau était bonne!»

4 Céline

«J'ai passé trois semaines chez ma grand-mère dans un petit village près de Nîmes. C'était chouette! Tous les jours on allait à Nîmes faire les magasins, on y allait au cinéma ou faire une promenade. Le matin on travaillait dans le jardin. Le soir on jouait aux cartes.»

Vrai ou faux?

1 Le soir Martine jouait aux cartes avec sa grand-mère.
2 Frédéric faisait du théâtre tous les jours.
3 Daniel faisait du sport tous les jours.
4 Il y avait des rues piétonnes à Nice.
5 Daniel n'aimait pas danser le soir.
6 Frédéric était très content de ses vacances.
7 Le matin Céline faisait de la voile.

Rappel

Je ne suis pas parti(e)		en vacances.
Je suis allé(e) On est allé		en colonie. chez mes grands-parents. à Nice.
C'était		extra. super. chouette. ennuyeux.
Tous les jours	je	jouais avec mes copains. me baignais.
	on	faisait toutes sortes d'activités.
Il y avait		des discothèques. un centre sportif.

On parle des vacances

Travaille à tour de rôle avec ton/ta partenaire.
Partenaire A pose des questions sur les vacances.
Partenaire B répond.

Exemple

A – Où es-tu parti(e) en vacances?
B – Je suis allé(e) au bord de la mer.

A Où es-tu parti(e) en vacances?

B Je suis allé(e) dans les montagnes.
Je suis allé(e) à la campagne.
J'ai visité la France/l'Espagne/les Etats-Unis.
J'ai rendu visite à mes cousins/mon oncle/mes grands-parents.

A Où es-tu resté(e)?

B Dans un gîte.
A l'hôtel.
Au camping.
En colonie de vacances.
Chez moi/mes cousins/mes grands-parents.
Dans une auberge de jeunesse.

A Quel temps faisait-il?

B Il faisait beau.
Il faisait chaud.
Il faisait mauvais.
Il pleuvait beaucoup.
Il faisait froid.
Le soleil brillait tout le temps.

A Qu'est-ce que tu faisais pendant la journée?

B Je lisais.
Je regardais la télé.
Je jouais à la plage.
Je faisais des randonnées.
Je nageais dans la mer.
Je travaillais dans un supermarché.

A Et le soir?

B Je regardais la télé.
J'allais à la discothèque.
J'écoutais de la musique.
Je lisais.
Rien de spécial.
On faisait des jeux.
On sortait en ville.

A Où mangeais-tu en général?

B A la maison.
Au snack.
Au restaurant.
A l'hôtel.
A l'auberge de jeunesse.

Maintenant change de rôle.

Figure-toi des vacances comme ça!

Imagine les vacances de ces jeunes. Qu'est-ce qu'ils ont dit?

Anachronismes

C'était vraiment comme ça?! Regarde les images et lis les textes. Ces personnages historiques parlent de leurs vacances. Mais il y a sûrement des erreurs.

Exemple

Il n'y avait pas de toboggans géants en 32 av. J–C.

J'ai passé de belles vacances en Grèce avec Marc-Antoine. On était logé dans un hôtel de luxe. On faisait la fête toute la nuit et on se bronzait pendant la journée. Moi, j'adorais la piscine avec ses toboggans géants. J'aimais en particulier le serpent géant. Ça me tuait!

Cléopâtre, reine d'Egypte, 32 av. J–C

Ils sont fous, ces touristes!

CLIC! CLIC! CLAC! CLIC! CLIC! CLIC! CLAC!

On m'appelait 'Le Roi Soleil' mais je ne partais pas en vacances. Je restais chez moi. J'avais toujours trop de batailles à mener contre la Russie, l'Autriche et, bien sûr, les Anglais!… Et puis, j'avais beaucoup de visiteurs à la maison.

Louis XIV, 1638–1715

Quoi!? Toi, roi d'Angleterre! Mon œil!

L'an dernier je suis allé en Angleterre. J'ai pris l'hovercraft à Saint Valéry-sur-Somme. La plage à Pevensey était belle mais je préférais visiter Hastings. J'ai rencontré mon cousin Harold à Battle mais il n'était pas content du tout de me revoir.

Guillaume le Conquérant, en 1067

Imagine que tu es un personnage historique. Dis ce que tu faisais et où tu étais pendant les vacances.

Ou bien choisis une personnalité très connue et imagine ce qu'il/elle faisait pendant les vacances.

Vacanciers francophones

Sénégal

Lis les textes et écoute la cassette.

Diémé

«Pendant les grandes vacances, j'allais à la plage avec les amis, on pique-niquait à la campagne ou au bord de la mer. Je faisais beaucoup de sport. Il y avait aussi notre ami comédien Georges. Il nous faisait rire tout le temps. Il inventait ses propres sketches.»

Marina

«Pendant les grandes vacances, j'allais dans mon village natal aider mon grand-père dans son jardin de fruits. Chaque matin, je l'aidais à arroser les plantations et à surveiller le jardin dans la journée à cause des animaux et à cause des voleurs de fruits.»

Faye

«J'aidais mes parents dans les travaux des champs. En plus je conduisais les troupeaux aux pâturages. A part cela j'allais jouer avec les camarades de mon âge ou danser sur la place publique.»

Corse

Togo

Emilie

«Je suis allée en colonie de vacances faire de la moto, du camping, du canoë-kayak et de la spéléo. Tout au fond d'une des grottes on a découvert une autre grotte que même les moniteurs ne connaissaient pas!»

Jean-Marie

«Nous étions en classe de neige avec l'école. Le premier jour nous avons descendu la piste et je suis tombé et je me suis tordu la cheville. Alors pendant les deux semaines où j'étais en classe de neige je n'ai pas pu skier.»

Laetitia

«Je faisais beaucoup d'équitation et beaucoup de promenades à vélo avec une copine. Je jouais au tennis et j'allais à la piscine. J'ai rencontré aussi un groupe de jeunes de mon âge. Nous sortions souvent ensemble.»

Marjorie

«Je suis allée à Pointe Noire. J'étais heureuse car c'était ma première visite là-bas. Chaque matin vers 10h nous allions nous baigner.»

Oumar

«Le matin je dormais, l'après-midi je m'amusais avec des copains et le soir je sortais au cinéma, dans une boîte ou j'allais à une boum. A part cela je regardais la télé ou je lisais ou écrivais des lettres.»

Alberto

«J'étais chez mon grand-père. Tous mes copains étaient quelque part en vacances alors je m'amusais tout seul ou bien je sortais avec mon grand-père.»

Delphine

«J'ai passé le premier mois de vacances en pleine campagne dans un petit village perdu, le deuxième à la mer et le troisième à la montagne. J'ai profité pleinement du soleil. J'ai commencé le surf et je suis allée plusieurs fois à la montagne. Je dormais la nuit avec mon frère dans une tente. Quelle horreur! En plus il faisait froid la nuit. C'était quand même très bien.»

Qu'est-ce qu'ils ont dit?

Choisis la bonne phrase qui, à ton avis, décrit le mieux les vacances de chaque personne.

Exemple

Diémé: C'était vraiment drôle – je me suis bien amusé.

- C'était vraiment drôle – je me suis bien amusé.

- Même sans mes copains c'était bien.

- Malgré ces quelques inconvénients, mes vacances m'ont bien plu.

- J'étais heureuse car c'était la première fois que je visitais la Guadeloupe.

- C'était fatigant, on a fait tellement de choses ensemble – et les tours à vélo étaient vraiment rigolos.

- Je préfère les vacances en famille mais c'était quand même amusant à la colo.

- Même si je travaillais, cela m'a fait plaisir d'aider pépé.

- C'était ennuyeux – j'adore la neige et le ski mais je ne pouvais rien faire.

- Les animaux, ça va mais je n'avais pas beaucoup de temps libre pour jouer avec mes camarades.

- C'était fantastique – tout ce temps libre et je pouvais faire comme je voulais.

Objectif 2

Comparer les vacances

Tu as passé de bonnes vacances?

Voici des gens qui parlent de leurs vacances. Est-ce qu'ils en étaient contents ou mécontents? Pourquoi?

«On a fait une longue randonnée au bord d'une petite rivière.»
Hervé

«La mer était sale. On n'avait pas envie de se baigner.»
Alain

«Il y avait trop de monde sur la plage.»
Yannick

«Ils étaient tous de mon âge dans la colo.»
Sophie

«Il y avait une vue magnifique de ma chambre. Elle donnait directement sur la forêt.»
Olivier

Antoine

«J'étais dans l'eau toute la journée.»

«Il pleuvait tous les jours et toutes mes affaires étaient trempées… même dans mon sac à dos!»
Florence

«Il y avait un bon restaurant à cinq minutes de la tente.»
Laure

«La nourriture n'était pas bonne. On n'avait pas de choix … tout avait le même goût.»
Odile

Annie

«Il y en avait certains dans mon groupe qui n'étaient pas du tout sympas.»

Où était Yannick?

Relis les textes et choisis la bonne réponse pour chaque personne dans le cadre. Travaille avec ton/ta partenaire.

Exemple

A – Yannick est allé où en vacances?
Qu'en penses-tu?

B – A mon avis, il est allé au bord de la mer.

«Je ne pouvais pas dormir la nuit. Il y avait trop de bruit. Ma chambre était tout près de la discothèque.»
Eric

à la montagne   *au camping*
à l'hôtel
à la campagne   *au bord de la mer*
en colo

Séjour à la Martinique

Eugénie est maintenant de retour de la Martinique. Qu'est-ce qu'elle dirait à ses copains et copines? Ou bien, qu'est-ce qu'elle écrirait?

Exemple

C'*était* super à la Martinique! On *a fait* toutes sortes d'activités …

A toi de continuer!

Bienvenue les touristes!

Voici quelques panneaux touristiques de la France, de la Guadeloupe, du Sénégal et du Québec. Quel panneau vient de quel pays à ton avis? Quelles informations donnent-ils? Choisis un panneau, imagine que tu es allé(e) à cet endroit et écris ce que tu as fait là ou ce que tu as vu.

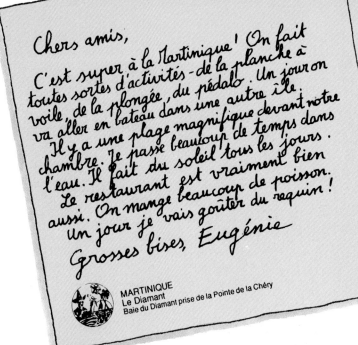

Chers amis,

C'est super à la Martinique! On fait toutes sortes d'activités - de la planche à voile, de la plongée, du pédalo. Un jour on va aller en bateau dans une autre île. Il y a une plage magnifique devant notre chambre. Je passe beaucoup de temps dans l'eau. Il fait du soleil tous les jours. Le restaurant est vraiment bien aussi. On mange beaucoup de poisson. Un jour je vais goûter du requin!

Grosses bises, Eugénie

MARTINIQUE
Le Diamant
Baie du Diamant prise de la Pointe de la Chéry

Rappel

Je suis allé(e)	au	Sénégal. Québec.
	en	France.
	à la	Guadeloupe.
J'ai fait	de la planche à voile. du ski.	
On a	vu	les sites.
	visité	le château. la réserve Cousteau.

Retour à l'île de mon enfance

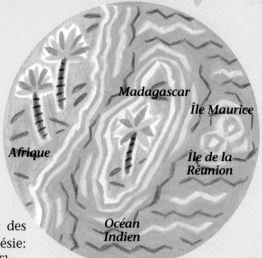

Il est cinq heures et demie du matin. Nous volons depuis onze heures. L'avion est plein de touristes. Le Boeing 747 commence sa descente vers la mer, vers le soleil et la chaleur. Il y a longtemps que j'attends ce moment. Cela fait cinq ans que je ne suis pas retourné dans mon île, à Maurice, là où je suis né.

Les montagnes ressemblent à des sculptures géantes, aux noms évocateurs: la montagne du Chat et de la Souris, les Trois Mamelles, le Pouce, la montagne du Rempart... Nous survolons maintenant des champs de canne. La canne à sucre! Elle occupe toute l'île.

L'avion se pose, et freine énergiquement. Des palmiers défilent, devant mes yeux, à toute vitesse. Au loin, il y a une bande de mer bleu foncé.

Je suis né à Curepipe, une ville aux vieilles maisons, bordées de haies de bambous. A Maurice, les

Aux champs de canne

On y parle le créole, le français, l'anglais, le bhojpouri et le chinois. On y célèbre Vishnu, Dieu, Allah, ou Bouddha. Eric Lagesse est né et a passé son enfance dans cette île de rêve.

villes et les villages ont ainsi des noms pleins d'histoire et de poésie: Cap-Malheureux, Flic-en-Flac, Gris-Gris, Moka, Montrésor, Pamplemousses, Pointe-aux-Piments, Poudre-d'Or, Riche-en-Eau, Trou-aux-Biches, Britannia...

L'île Maurice, elle-même, a plusieurs fois changé de nom. Au 10e siècle, les Arabes l'ont découverte et l'ont appelée 'Dinarobin'. Puis, les Portugais l'ont visitée. Ils l'ont baptisée 'Ilha do Cirne', 'L'île du Cygne'. Mais ce sont les Hollandais qui l'ont habitée les premiers, au 17e siècle. Ils l'ont nommée 'Mauritius'.

Au début du 18e siècle, les Français s'y sont installés et l'ont rebaptisée 'isle de France'.

En 1815 les Anglais ont pris l'île aux Français. Ils lui ont redonné le nom de 'Mauritius' ou 'île Maurice'. C'est le nom qui lui est resté depuis, après son indépendance, en 1968.

Aujourd'hui, les avions déposent, tous les jours, des centaines de touristes. Le tourisme est devenu la troisième ressource de l'île, après le sucre et le textile.

L'aéroport se situe dans le sud-est de Maurice. La maison de ma grand-mère se trouve à Grand-

Baie, tout au nord. Mais le trajet sera court: une heure seulement pour traverser l'île, de soixante kilomètres de long sur quarante kilomètres de large.

Le tourisme est une ressource très important...

Ragooh est venu me chercher. Il travaille chez ma grand-mère. Il est indien. Ragooh me taquine: 'to fine blié to kréol?' ('tu as oublié ton créole?') Il y a longtemps que je n'ai pas parlé créole.

Ragooh me dit qu'il veut m'inviter à manger, chez lui, les gâteaux-piments, que fait Mina,

Le marché à Curepipe

Curieux pays, en effet, où la langue officielle est l'anglais, où l'enseignement se fait en anglais, mais où tout le monde s'exprime en français ou en créole.

A la télévision, il y a des films indiens, des séries américaines en version originale, des émissions de variété, en français, et des publicités, en créole.

En fait, la seule chose que tous les Mauriciens aient en commun, c'est le *séga*, une musique qui a été créée par les esclaves africains. Ils venaient de différents endroits d'Afrique. Ils ne parlaient pas tous la même langue. Alors, ils chantaient et dansaient ensemble

le *séga*, pour se défouler après leurs dures journées de travail.

Pour communiquer entre eux, ces esclaves ont inventé le créole, une langue dérivée du français.

Nous traversons la capitale. Je n'ai plus l'habitude de la conduite à gauche, une coutume laissée par les Anglais. Ce soir, je le sais, je vais m'asseoir devant la mer. Je vais écouter monter à nouveau la plainte du muezzin de la mosquée de Grand-Baie, qui appelle les fidèles à la prière.

Puis, la nuit, je vais me coucher sur l'herbe. Et c'est là que je vais m'endormir, mon enfance à côté de moi.

Eric Lagesse

sa femme, et les *faratas*, de grosses crêpes indiennes, que l'on mange avec du curry. Je pense aux fruits juteux, les mangues, les letchis… Des marchands en vendent sur les bords de la route, pour quelques roupies. J'en ai l'eau à la bouche.

Je regarde au dehors les gens. J'ai toujours cette impression d'être en Inde. Ici, la majorité de la population est indienne. Leurs ancêtres sont venus, au 19e siècle, pour travailler la terre. Ils étaient hindous de l'Inde ou musulmans du Pakistan.

Aujourd'hui ils sont Mauriciens. Il y a plus d'un million d'habitants à Maurice: des hindouistes, des musulmans, des chrétiens, des bouddhistes…

Les montagnes ressemblent à des sculptures géantes

Comment s'appelle la capitale de Maurice?
Réponds aux questions, puis écris la première lettre de chaque réponse pour le savoir.

_ _ _ _ - _ _ _ _

1 Qui est venu à l'île après les Arabes?

2 L'anglais, c'est la langue _____.

3 Qui vient chercher Eric à l'aéroport?

4 Quelle est la troisième ressource de l'île après le sucre et le textile?

5 Qu'est-ce que c'est que le 'créole'?

6 Le vol de la France dure combien d'heures?

7 Combien d'heures dure la traversée de l'île?

8 Comment est la majorité de la population?

9 Comment s'appelle la musique de Maurice?

Souvenirs de vacances

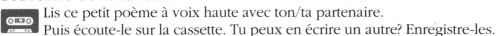

Lis ce petit poème à voix haute avec ton/ta partenaire.
Puis écoute-le sur la cassette. Tu peux en écrire un autre? Enregistre-les.

Pour moi le soleil était le plus important
Mais non, pour moi c'était rencontrer des gens.

L'essentiel pour moi c'était de bien manger
Quoi! Non, pour moi c'était de bien bronzer.

Aller à la discothèque, ça c'était bien
Bof! Moi, j'aimais faire absolument rien.

Alors, moi, j'adorais faire du canoë
Moi, par contre, je préférais nager.

Le mieux, c'était toutes les activités
Moi, je préférais me reposer.

Et toi, alors? Qu'est-ce que tu en penses?
Qu'est-ce que tu aimais faire en vacances?

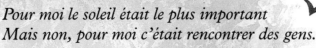

Le soleil – ami ou ennemi?

la chaleur

la croissance

la lumière

les vacances

les déserts

la sécheresse

l'effet de serre
la fonte des glaces polaires et
l'inondation des îles et des
terres basses

les incendies
de forêt

les maladies
à travers le trou dans la couche
d'ozone les rayons ultraviolets
provoquent le cancer de la peau

Quels sont les effets positifs et négatifs du soleil?

La chaleur? Parfait pour le bronzage, la natation,
le jardin, les vacances, dangereux pour la peau...?

Fais un poster pour illustrer les pour et les contre du soleil.

Station service

Talking about where you went on holiday and what you did

| Tu es parti(e) en vacances? | | Did you go away on holiday? | **139** |

Non, je suis resté(e)	à la maison.	No, I stayed at home.
	chez moi.	

Je suis allé(e) On est allé	en colonie.	I went to a summer camp.
	chez mes grands-parents.	I went to my grandparents.
	à Nice.	I went to Nice.
	au bord de la mer.	I went to the seaside.
	dans les montagnes.	I went to the mountains.
	à la campagne.	I went to the country.

Talking about where you stayed

Où	es-tu resté(e)?	Where did you stay?
	as-tu logé?	

Je suis resté(e) J'ai logé	dans un gîte.	I stayed in a gîte.
	à l'hôtel.	I stayed in a hotel.
	au camping.	I stayed on a campsite.
	dans une auberge de jeunesse.	I stayed in a youth hostel.

Talking about what you did

Qu'est-ce que	tu as fait?	What did you do?

| Pas grand'chose. | | Not much. |

J'ai visité	l'Espagne.	I visited Spain.	**139**
	les Etats-Unis.	I visited the United States.	

J'ai rendu visite à	mes cousins.	I visited my cousins.
	mon oncle.	I visited my uncle.

Tous les jours	je jouais avec mes copains.	Every day I played with my friends.	**140**
	je me baignais.	Every day I went swimming.	
	on faisait toutes sortes d'activités.	Every day we did all kinds of activities.	

Il y avait	des discothèques.	There were discos.
	un centre sportif.	There was a sports centre.

Saying what you thought of it and what the weather was like

C'était	chouette/ennuyeux.	It was great/boring.	**140**

| Quel temps faisait-il? | | What was the weather like? |

Il faisait	beau/chaud.	It was lovely/hot.
	mauvais/froid.	It was bad/cold.

| Il pleuvait beaucoup. | | It rained a lot. |

Non merci

Relie les dessins et les textes.

Exemple
A = 2

A Le soleil? Non, merci!

B La neige? Non, merci!

C La pluie? Non merci!

D Le vent? Non, merci!

E Le brouillard? Non, merci!

Vacances

Regarde l'exemple.

Pédalo

Loisirs

Alpinisme

Glace

Enfants

Maintenant fais la même chose pour le mot VACANCES.

Qu'est-ce qu'il y a à Ste Anne?

Regarde ce panneau indicateur à la Guadeloupe. Ecris une liste pour des touristes anglais de ce qu'il y a à Ste Anne.

Et à Najac, en France?

1 Sens ou non-sens?

Lis les phrases suivantes et décide chaque fois si c'est sensé ou si c'est un non-sens.

Exemple

Il pleuvait tout le temps. C'était affreux! *(sens)*

1 **La mer était polluée. C'était extra!**

2 **C'était affreux. Il faisait un temps super.**

3 **Ils étaient tous de mon âge. C'était bien.**

4 **C'était embêtant. Il n'y avait pas d'ascenseur à l'hôtel.**

5 **Il y avait une vue magnifique. Ma chambre donnait directement sur les poubelles.**

6 **Je ne pouvais pas dormir. Mon lit était très confortable.**

7 **On a très bien mangé. Il y avait beaucoup de bons restaurants tout près.**

8 **Il faisait mauvais temps. C'était bien à la plage.**

Que suis-je?

Exemple

Je suis à côté de la mer. On aime bronzer sur moi. Les enfants y font des châteaux de sable. Que suis-je?

Réponse: la plage

1 Moi aussi, je suis près de la mer. J'ai un restaurant, un ascenseur et beaucoup de chambres. Que suis-je?

2 En été on aime faire des randonnées sur moi. En hiver on vient faire du ski. Je suis très haute. Que suis-je?

3 J'ai trois fenêtres et une porte. J'ai deux roues. Je suis bien pour les vacances. Que suis-je?

4 Je ne suis pas très grande, mais j'ai des villes, des routes, des fermes, des forêts sur moi. Tout autour de moi il y a la mer. Que suis-je?

5 Je suis très populaire quand il fait chaud, parce que moi-même je suis très froide! J'existe en beaucoup de couleurs et de parfums. Que suis-je?

2 De préférence

Qu'est-ce qui est le plus important pour toi en vacances? Recopie ces phrases par ordre de préférence personnelle. Commence par la plus importante pour toi.

● **le soleil**

● **avoir le temps de me reposer**

● **aller à la discothèque**

● **faire plein d'activités de vacances**

● **rencontrer des garçons/filles de mon âge**

● **trouver un(e) petit(e) ami(e)**

● **nager et bronzer**

● **aller à l'étranger rencontrer les gens du pays**

● **passer quelque temps chez mon père/ma mère/mes grands-parents**

● **passer quelque temps à la campagne**

● **laisser les problèmes de tous les jours derrière moi**

● **faire du sport**

Compare ta liste avec celles de tes copains. Quelles sont les différences?

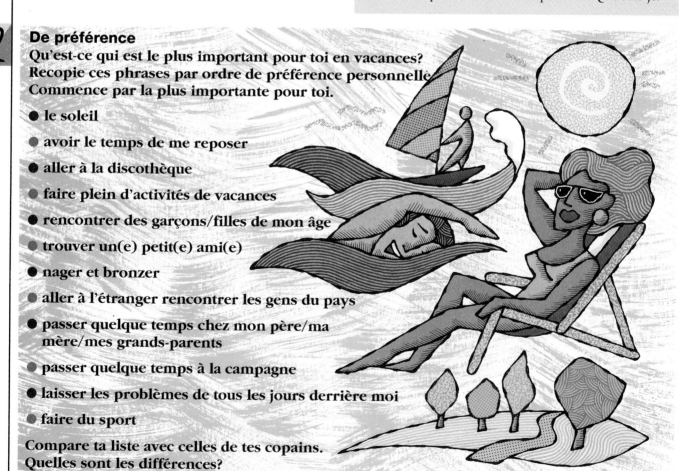

1 Vacances en Europe

Quatre jeunes, Somala, Didier, Nathalie et Yannick, sont allés en vacances. Chacun est allé dans un endroit différent. Lis les informations, et trouve qui a visité quel pays et qui est allé à la mer, qui à la campagne qui en colonie de vacances et qui dans les montagnes.

1 **Une personne est allée à la mer en Belgique.**
2 **Yannick n'est pas allé dans les montagnes.**
3 **Une personne est allée en colonie de vacances en Corse.**
4 **Nathalie n'est pas allée à la mer.**
5 **La personne qui est allée en France a passé ses vacances à la campagne.**
6 **Didier n'est pas allé en Italie.**
7 **Yannick déteste les colos – il n'y va jamais.**
8 **Une personne est allée dans les montagnes en Italie.**
9 **Yannick n'est pas allé à la mer.**
10 **Somala n'est allée ni à la mer ni dans les montagnes.**

2 Opinion ou fait?

Dresse deux listes pour distinguer les opinions et les faits entre les phrases ci-dessous.

Nice se trouve sur la côte méditerranéenne.

C'est une ville touristique.

Il n'y a pas grand-chose pour les jeunes.

Il y a trop de touristes.

Les hôtels ne sont pas trop chers.

Il y a un grand carnaval pour célébrer Mardi Gras.

Il fait souvent très chaud en été.

Le carnaval est super.

Nice est très bien pour les vacances de famille.

C'est une des plus belles villes de France.

A toi maintenant. Choisis quelques-uns de ces faits et opinions (ou bien sers-toi de tes propres idées) et écris une lettre ou deux ou trois cartes postales à des correspondants.

2 Au contraire

M. Chambaud, Virginie, et Mme Coste sont allés dans de différents endroits l'été dernier. Ils étaient tous très contents de leurs vacances. M. Rigal, Emmanuelle et la famille Fabre sont allés aux trois mêmes endroits, mais ils n'en étaient pas du tout contents. Quelles personnes sont allées aux mêmes endroits?

Essaie de trouver les paires!

M. Chambaud

C'était super. L'hôtel était très confortable et très calme. On se reposait à côté de la piscine pendant la journée, puis le soir on prenait le bus pour aller à la ville voisine, où on se promenait ou allait au restaurant.

M. Rigal

C'était moche! La plage était sale. Il y avait trop de monde. L'hôtel, ça allait, mais il n'y avait pas de piscine, alors on était obligé d'aller sur la plage. Et en plus il faisait très chaud – enfin, trop chaud.

Emmanuelle

Bof! Ça allait, je suppose. Mais je ne suis pas tellement sportive, alors … La piscine était assez bien mais il y avait toujours beaucoup de monde. Et le restaurant n'était pas terrible non plus!

Virginie

On a passé de très bonnes vacances au bord de la mer. On se bronzait, on jouait dans l'eau. Un jour j'ai fait de la planche à voile – ou plutôt, j'ai essayé! Et il faisait beau tous les jours.

Mme Coste

Pour la famille c'était parfait. Il y avait plein d'activités – on a loué des vélos tout terrain et on a fait des promenades un peu partout. Heureusement qu'il ne faisait pas trop chaud. Et il y avait un restaurant sur place qui n'était pas cher du tout.

Mme Fabre

C'était très beau là-bas et la nourriture était bonne, mais pour moi c'était trop tranquille. Et puis l'hôtel était un peu isolé. Le soir il n'y avait rien à faire.

Objectif 1

Parler de l'argent de poche

David

Mes parents sont divorcés depuis quelques années et ils me donnent tous les deux de l'argent de poche toutes les semaines. C'est bien ça … d'avoir de l'argent de poche des deux parents.

On me donne de l'argent de poche toutes les semaines et je travaille aussi. Je fais un petit boulot après l'école. J'ai de la chance.

Elsa

Raphaël

Moi, je ne reçois pas d'argent de poche parce que mes parents sont au chômage. Ils ne peuvent pas me donner d'argent. Mais quand ils avaient un travail, ils m'en donnaient.

On te donne de l'argent de poche?

Ecoute ces jeunes. Ils parlent de l'argent de poche qu'ils reçoivent. Ils en sont contents? Ils sont chanceux? Qu'en penses-tu?

Je reçois de l'argent de poche régulièrement. Mes grands-parents aussi m'en donnent tous les mois. Dans la famille mes tantes, mes oncles aussi m'en donnent.

Hakim

Chez moi, pour avoir de l'argent de poche, il faut aider un petit peu à la maison. Il faut par exemple faire la vaisselle, faire le ménage ou laver la voiture.

Rachel

J'ai de l'argent de poche tous les mois et avec cet argent il faut que je paie le cinéma, les cours de natation, l'entrée à la discothèque du quartier, et si je veux m'acheter quelque chose à grignoter ou à boire, il faut que je paie avec mon argent.

Carole

Rappel

On te donne de l'argent de poche?			
Oui	régulièrement. toutes les semaines. tous les mois.		
Non	mon père ma mère	est	au chômage.
	mes parents sont		

Qui te donne de l'argent de poche?	
Mon	père. grand-père. oncle.
Ma	mère. grand-mère. tante.
Mes	parents. grands-parents.

A toi maintenant.

Tu reçois de l'argent de poche? Quand? Tu as un petit boulot? Fais une interview avec ton/ta partenaire. Sers-toi des textes ci-dessus, si tu veux.

Exemple

A – On te donne de l'argent de poche?

B – Oui, toutes les semaines.

A – Qui te le donne?

B – Mes parents toutes les semaines et mon grand-père tous les mois. Et toi?

A – Je reçois de l'argent de poche régulièrement … de ma mère et de mes grands-parents. C'est bien. J'ai de la chance.

Ce n'est pas facile

Ecoute la cassette et regarde les dessins. Quels sont les deux petits boulots qui *ne* sont *pas* mentionnés?

Ce qui m'embête

Recopie le texte et remplis les blancs avec les mots qui riment. Puis lis ce poème en écoutant la cassette.

Ce qui m'embête, je trouve ça _____,
c'est que je ne reçois pas d'argent de poche.
Moi, j'en reçois deux fois, quelle chance!
De ma mère et de mon oncle dans
le sud de la _____.
Et toi, Seydi, tu en reçois?
Oui, de mon père, tous les _____.
Moi aussi, toutes les _____,
j'en reçois de ma tante Hélène.
Pas autant que toi, c'est _____.
Pour avoir tout ça, qu'est-ce que tu fais?
Mais si tu travaillais un peu comme moi,
tu pourrais t'acheter n'importe _____!

vrai   moche   mois

France   quoi   semaines

PHOTOCOPIEUSE COULEUR

Bᶻᶻᶻᶻᶻᶻᶻ

Un petit boulot à côté

Sophie et Luc travaillent tous les deux pour se faire un peu d'argent de poche. Lis les textes.

Sophie

Luc

- Luc, tu fais un petit boulot?
- *Oui, mes parents ont une épicerie et je les aide un petit peu.*
- Tu travailles quand?
- *Après les cours pendant deux heures et aussi pendant les vacances.*
- Tu gagnes beaucoup?
- *Oui, mes parents me paient bien.*
- Qu'est-ce que tu achètes avec ton argent?
- *J'adore les bandes dessinées. J'en fais la collection.*

- Qu'est-ce que tu fais pour gagner de l'argent, Sophie?
- *Alors moi, je fais du baby-sitting.*
- C'est un travail difficile?
- *Non, ce n'est pas trop fatigant.*
- Quand est-ce que tu fais du baby-sitting?
- *J'en fais le week-end, le samedi et le dimanche, ou bien quelquefois le mercredi après-midi.*
- Tu gagnes beaucoup?
- *Non, ce n'est pas très bien payé.*
- Comment dépenses-tu ton argent?
- *J'aime bien acheter des vêtements et j'aime beaucoup jouer au tennis. J'en garde aussi pour sortir avec mes copains.*

Maintenant recopie les phrases et remplis les blancs.

1 Sophie garde les _____.
2 Le baby-sitting n'est pas très bien _____.
3 Elle peut faire du baby-sitting le mercredi après-midi parce qu'elle n'a pas _____ le mercredi.
4 Sophie est assez _____.
5 Luc travaille plus de dix heures par _____.
6 Il aime bien _____.
7 Il fait la collection de _____.

payé   sportive   lire
cours   enfants
semaine   bandes dessinées

Rappel

Qu'est-ce que tu fais pour gagner de l'argent?	
Tu fais un petit boulot?	
Je	fais du baby-sitting. travaille dans un magasin.
Comment dépenses-tu ton argent?	
J'achète des	vêtements. livres. bandes dessinées.
Je mets mon argent de côté.	

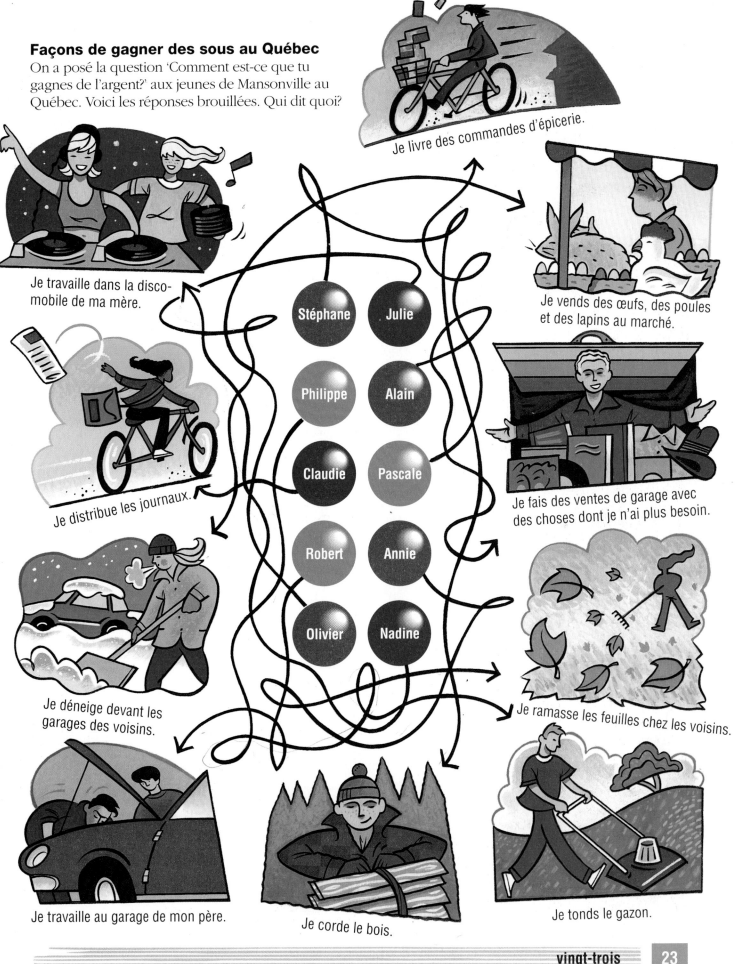

Façons de gagner des sous au Québec

On a posé la question 'Comment est-ce que tu gagnes de l'argent?' aux jeunes de Mansonville au Québec. Voici les réponses brouillées. Qui dit quoi?

Je livre des commandes d'épicerie.

Je travaille dans la disco-mobile de ma mère.

Je vends des œufs, des poules et des lapins au marché.

Je distribue les journaux.

Je fais des ventes de garage avec des choses dont je n'ai plus besoin.

Stéphane
Julie
Philippe
Alain
Claudie
Pascale
Robert
Annie
Olivier
Nadine

Je déneige devant les garages des voisins.

Je ramasse les feuilles chez les voisins.

Je travaille au garage de mon père.

Je corde le bois.

Je tonds le gazon.

Objectif 2

Parler des métiers

Marie-Christine Morin est professeur

Le monde du travail

 On parle de son métier. Qui dit quoi?
Ecoute la cassette et lis les textes.

Je travaille sur une ligne régulière. Maintenant je travaille sur les destinations lointaines. Je m'entends très bien avec les autres membres de l'équipage. **A**

B Mon trajet le plus fréquent, c'est entre le sud de la France et les pays du nord. Je transporte des fruits de Provence. J'aime bien mon camion. C'est un peu comme ma maison.

J'aime bien mon travail parce que je suis tout le temps dehors. Je commence assez tôt. C'est le seul problème. Je ne vois pas tellement les gens mais je connais les gardiens des immeubles et je discute un peu avec eux. **D**

Stéphane Tostivint est facteur

Je travaille dans un hôpital. Quelquefois, je commence à huit heures le matin. Quelquefois, je travaille le soir à partir de six heures. D'autres fois, je commence à onze heures du soir et donc je travaille la nuit. **C**

Paul Joly est pilote

F Je travaille dans un collège de la région parisienne. J'ai des élèves de tout âge et dans chaque classe j'ai une trentaine d'élèves. Les jeunes sont gentils en général. La journée pour moi n'est pas finie à cinq heures: je dois encore travailler pour le collège une fois rentrée chez moi.

Je travaille dans un petit garage. Il y a le patron et cinq employés. J'aime ce boulot parce que je suis passionné de voitures, de mécanique et de moteurs. **E**

Pascale Carrier est chauffeur de poids lourd

Pierre Lebègue est mécanicien

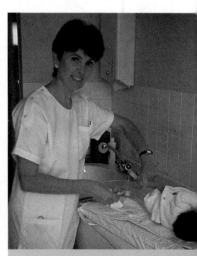

Christine Grenier est infirmièr

Anne-Sophie Lesage est agent de police

G Je travaille en ville dans un bureau. Je tape à la machine, je réponds au téléphone et je prends des lettres en sténo.

H La paye n'est pas extraordinaire mais au moins, on est sûr de ne pas être au chômage. On a une garantie d'emploi. Moi, j'ai un contact permanent avec les gens. Je peux leur parler et essayer de les aider parce que ça, c'est notre travail.

Je travaille tous les jours de la semaine, samedi compris. Beaucoup de clients viennent le samedi pour être bien coiffés quand ils sortent le soir. **I**

Je travaille à la chaîne dans une usine. Je fixe sans arrêt une même pièce toute la journée et je suis payée à la pièce. Je dois donc travailler très vite pour gagner plus. **J**

Dominique Villin est vendeur

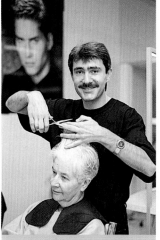

Alain Vey est coiffeur

Je travaille dans un grand magasin au rayon 'Homme'. Je vends des chemises, des cravates, des pantalons et des costumes aux clients. J'ai un fixe plus une commission sur la vente. Si j'achète des vêtements, j'ai 25 pour cent de réduction. **L**

K J'offre un service d'urgence pour les problèmes de fuites. Mon numéro de téléphone est dans les pages jaunes et on peut me téléphoner 24 heures sur 24. J'ai toujours beaucoup de travail surtout l'hiver avec les problèmes de chauffage central.

Marine Huchet est ouvrière

David Brouillette est plombier

Annie Latour est secrétaire

La chanson du boulot

Ma sœur A-lice __ qui est o-pé-ra-trice __ Sur or-din-a-teur __

Aime Pa-trice __ qui est a-gent de po-lice Mais qui vou-drait êt - re fac-teur. Oh

là, Oh hé Oh

là là __ là là là On n'est ja - mais sa-tis - fait.

2
Mon oncle Bruno qui déteste son boulot
D'agriculteur
Dit "A plus tard, j'arrête, j'en ai marre
Je vais être professeur".

Oh là, oh hé
Oh là là là là
On n'est jamais satisfait.

3
Ma cousine Marie-Claire qui était caissière
A Monoprix
Est très malheureuse depuis qu'elle est vendeuse
Aux Nouvelles Galeries.

Oh là, oh hé
Oh là là là là
On n'est jamais satisfait.

4
Ça ne sert à rien d'être mécanicien
Prof ou plombier
Qu'on soit médecin ou même musicien
On n'est jamais satisfait.

Oh là, oh hé
Oh là là là là
Si on changeait de métier!

Un métier qui me plairait

Qu'est-ce qu'on cherche dans un métier? Ecoute ce que disent ces jeunes.

Ibrahima

J'aime bien la variété et je voudrais faire des choses intéressantes.

Seydi

Moi, je voudrais faire un travail qui permet de voyager beaucoup. J'aime aussi rencontrer les gens.

Régine

Moi, je suis prête à faire n'importe quoi. Je ne veux pas être au chômage.

Julien

Je voudrais travailler dehors. Ce que j'aime, ce sont les animaux et la nature. Je ne pourrais pas travailler dans un bureau. Je me sentirais enfermé.

Patrick

Je ne voudrais pas travailler tout seul. J'aime le contact avec les gens.

Enora

Je voudrais travailler avec des jeunes … des gens de mon âge. J'aime beaucoup le travail en équipe.

Marie-Thérèse

Je ne m'inquiète pas trop pour la paye. Je ne demande pas à être millionaire. Il suffit que la paye soit correcte.

Je voudrais être bien payé

Quels sont les aspects les plus importants d'un métier?

Je voudrais …
être bien payé
avoir des vacances assez longues
être bien habillé au travail
rencontrer des gens
voyager beaucoup
travailler dehors
travailler avec des jeunes
travailler en équipe
travailler avec les animaux
faire un travail varié
faire un travail passionnant

Cela m'est égal ce que je ferai.
Et toi?

Je ne pourrais pas …
faire un travail trop salissant
faire un travail qui me fatigue physiquement
faire un travail aux horaires complètement décalés
voyager tout le temps
travailler dans un bureau
travailler tout seul
faire un travail monotone
faire un travail dangereux
travailler avec des personnes beaucoup plus âgées que moi-même
travailler dans une usine

Les avantages et les inconvénients

Il y a toujours du pour et du contre dans chaque métier. Ces gens donnent leurs opinions. Qu'en penses-tu? Quel métier préférerais-tu?

Exemple	pour	contre
athlète	Si je remporte des victoires je serai célèbre	Si on ne réussit pas on n'est rien du tout

L'athlétisme, c'est ma passion. Si je remporte des victoires, je serai célèbre. Si on a un accident grave, on peut être obligé d'arrêter sa carrière sportive. C'est un métier où l'on arrête très jeune … à trente ans on est à la retraite. Et puis, il faut réussir … si on ne réussit pas on n'est rien du tout.

**Martine Gagnon
25 ans, athlète**

C'est un métier que j'adore parce que ma passion, c'est la musique. Donc, mon travail consiste à faire ce que j'aime le plus. Je rencontre aussi beaucoup de gens. Normalement, je sais ce que j'ai à faire et je le fais à mon propre rythme. On n'est jamais sûr de trouver du travail. C'est très incertain comme métier. Ça peut marcher à un moment et un mois après on n'est plus demandé.

**Julien Drapeau
27 ans, musicien**

Je me sens très utile. Je peux aider les gens et aussi c'est un travail qui est très bien payé. C'est un travail assez stressant et les horaires sont difficiles. On vous téléphone au milieu de la nuit s'il y a un problème.

**David Girouard
35 ans, médecin**

Je travaille dans mon propre bureau et il n'y a personne qui me surveille. Ça peut être un travail monotone, mais il y a des jours où on travaille sans arrêt … coups de téléphones, lettres urgentes et des problèmes techniques avec l'ordinateur.

**Véronique Rochon, 28 ans
employée de bureau**

Je suis mon propre patron avec une dizaine d'employés. Donc, c'est moi qui décide et moi qui prends la responsabilité. C'est bien d'être la personne qui dirige tout. Il arrive souvent que les clients ne paient pas ou bien qu'ils paient en retard. Et quelquefois, il y a des problèmes avec des employés qui ne font pas toujours ce qu'on voudrait.

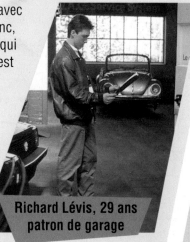

**Richard Lévis, 29 ans
patron de garage**

On a des prix réduits sur les billets d'avion … pour la famille aussi. Les passagers ne sont pas toujours agréables. On est tout le temps debout et ça c'est très fatigant.

**Robert Brouillette
25 ans, steward**

A propos

N'oublie pas qu'il y a souvent deux genres – masculin et féminin – pour les métiers.

Exemple

acteur = (m.) masculin

actrice = (f.) féminin

Recopie ces mots et indique s'ils sont masculins (m.) ou féminins (f.).

musicienne	technicienne
ouvrier	vendeur
infirmière	coiffeuse
danseur	caissier
directrice	boulangère

Parce que

Pourquoi choisir un métier? Débrouille les textes et écris les bonnes phrases.

Je voudrais être infirmière parce que…

Je voudrais devenir vendeur parce que…

Je veux faire vétérinaire parce que…

Je voudrais devenir secrétaire parce que…

Je veux être hôtesse de l'air parce que…

Je voudrais être plombier parce que…

Je veux devenir professeur parce que…

Je voudrais être mécanicien parce que…

j'aimerais travailler dans un grand magasin et

j'aimerais travailler dans un bureau et

j'aimerais aider les gens qui sont malades et

j'aimerais voyager et

j'aimerais faire un travail manuel et

j'aimerais travailler avec les animaux et

j'aimerais réparer les voitures et

j'aimerais enseigner les maths et

j'aimerais travailler avec les jeunes.

j'aimerais travailler seul dans un petit garage.

j'aimerais travailler en équipe dans un hôpital.

j'aimerais taper à la machine et répondre au téléphone.

j'aimerais installer le chauffage central.

j'aimerais aller visiter les fermes.

j'aimerais vendre des vêtements.

j'aimerais porter un uniforme chic.

Mon idéal

Et toi? Qu'est-ce que tu voudrais faire comme métier? Ecris quelques lignes pour expliquer ton choix.

Rappel

Je voudrais être	plombier.
	dentiste.
	chauffeur de poids lourd.
	infirmier/infirmière.
	vendeur/vendeuse.
	opérateur/opératrice sur ordinateur.
	musicien(ne).

Le bon vieux temps

Monsieur Raybaud a quatre-vingts ans. Il habite dans les Pyrénées. Lis ce qu'il dit du 'bon vieux temps'. Qu'en penses-tu? C'est mieux aujourd'hui ou c'était mieux quand il était plus jeune?

LE BON VIEUX TEMPS

Moi, j'ai toujours habité à la campagne. J'allais à l'école du village quand j'étais petit. C'était comme une grande famille, quoi! Et comme mon père avait une ferme, j'ai commencé à travailler à la ferme tout de suite après l'école à quatorze ans. On avait des vaches. On faisait du fromage. Je me levais tôt le matin pour traire les vaches. En hiver, il faisait froid, froid. Mais on ne se plaignait pas. C'était une vie agréable.

Le travail était dur, c'est vrai, mais on n'était pas pressé. Et puis on était toujours ensemble. Nous étions neuf frères et sœurs. Alors, quand on avait du temps libre, on s'amusait bien ensemble. Et puis il y avait plein de fêtes où on chantait, dansait, mangeait, vous savez. La nourriture était simple, mais bonne. Ah oui, c'était le bon vieux temps. Maintenant c'est tout différent. Aujourd'hui les gens ne sont jamais satisfaits.

Maintenant écoute l'autre vieux monsieur. Il habite aussi à la campagne. Qu'est-ce qu'il dit? Il est d'accord?

Station service

Saying whether and how frequently you receive pocket money

On me donne de l'argent de poche	régulièrement.	I get pocket money regularly. **145**
	toutes les semaines.	I get pocket money every week.
	tous les mois.	I get pocket money every month.
Je ne reçois pas d'argent de poche.		I don't get any pocket money.

Asking questions

On te donne	de l'argent de poche?	Do you get any pocket money? **143**
Qui	te donne de l'argent de poche?	Who gives you pocket money?
Qu'est-ce que	tu fais pour gagner de l'argent?	What do you do to earn money?
Tu as	un petit boulot?	Have you got a part-time job?
Comment	dépenses-tu ton argent?	How do you spend your money?

Talking about part-time jobs

Je	fais du baby-sitting.	I babysit. **137**
	travaille dans un magasin.	I work in a shop.
	tonds le gazon.	I mow lawns.
	distribue les journaux.	I deliver newspapers.

Talking about other people's jobs

Elle est	coiffeuse.	She's a hairdresser. **132, 133**
Il est	ingénieur.	He's an engineer.
Ma sœur est	ouvrière.	My sister works in a factory.
Mon père est	vendeur.	My father works in a shop.
Mes parents sont	au chômage.	My parents are unemployed.

Talking about jobs you would like to do

Je voudrais être	infirmier/infirmière.	I'd like to be a nurse. **141**
	plombier.	I'd like to be a plumber.
	opérateur/opératrice sur ordinateur.	I'd like to be a computer operative.
J'aimerais	aider les gens.	I'd like to help people.
	travailler dans un bureau.	I'd like to work in an office.
	visiter beaucoup de pays.	I'd like to travel a lot.

1 C'est qui?

Voici comment six jeunes dépensent leur argent:

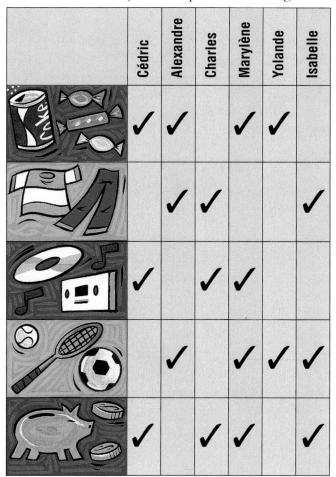

	Cédric	Alexandre	Charles	Marylène	Yolande	Isabelle
(boissons/friandises)	✓	✓		✓	✓	
(vêtements)		✓	✓			✓
(disques/cassettes)	✓		✓	✓		
(sport)		✓		✓	✓	✓
(économies)	✓		✓	✓		✓

Qui parle?

Exemple
1 = Charles

Qui n'est pas représenté ici? Qu'est-ce qu'elle dirait? Ecris sa réponse.

1 Je dépense mon argent de poche surtout pour les vêtements et les disques. Et puis je mets un peu d'argent de côté.

2 Bon, je m'achète des vêtements, des affaires de sport - des baskets par exemple. Je dépense aussi un peu pour des friandises, mais pas beaucoup.

3 Moi, je ne dépense pas beaucoup. Je préfère faire des économies pour plus tard. Mais j'achète des friandises, des boissons, et puis de temps en temps j'achète peut-être une cassette.

4 Je fais partie d'un club de tennis. Alors je dois payer ça. J'aime aller aux tournois de tennis aussi. A part ça, je dépense un peu pour les vêtements et je fais des économies. Je n'achète pas de disques ni de friandises.

5 Je dépense presque tout mon argent pour le sport. J'adore ça. Et puis si je veux m'acheter un snack, je dois me le payer.

2 Je voudrais être ...

Ecris ce que chaque jeune voudrait être.

Exemple
Yannick voudrait être coiffeur.

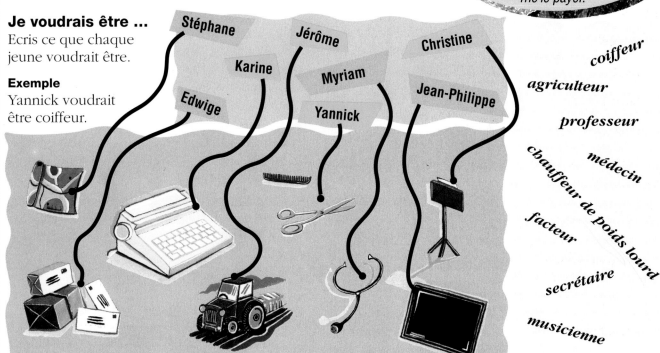

Stéphane Jérôme Christine
Karine Myriam
Edwige Yannick Jean-Philippe

coiffeur
agriculteur
professeur
médecin
chauffeur de poids lourd
facteur
secrétaire
musicienne

1 Argent de poche

Ce sont les sommes que reçoivent Elsa, Maryse, Julien, Maxime et Tristan comme argent de poche chaque semaine. Mais qui reçoit quoi?

15F

25F

20F

10F

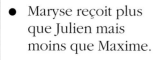

30F

- Julien reçoit deux fois plus que quelqu'un d'autre.

- Maryse reçoit plus que Julien mais moins que Maxime.

- Trois de ces jeunes reçoivent plus qu'Elsa.

2 Trouve l'intrus

Exemple

A	B	C	D
infirmière	~~acteur~~	mécanicienne	musicienne

1

A	B	C	D
ouvrière	facteur	mécanicien	agent de police

2

A	B	C	D
infirmier	conducteur	technicien	coiffeuse

3

A	B	C	D
actrice	technicien	vendeuse	musicienne

4

A	B	C	D
opérateur d'ordinateur	électricienne	chauffeur de poids lourd	facteur

5

A	B	C	D
serveuse	ouvrier	mécanicien	garçon

2 Opinions opposées

Trouve les phrases qui s'opposent.

Exemple
1C

1 Je voudrais travailler seul.

2 Je ne m'inquiète pas trop pour la paye.

3 Je voudrais travailler dehors.

4 Je voudrais faire un travail qui me permet de voyager.

5 J'aimerais un métier avec beaucoup de variété.

6 J'aimerais travailler avec les animaux.

A J'aimerais travailler dans un bureau.

B Je n'aimerais pas être tout le temps à droite et à gauche.

C J'ai besoin d'avoir beaucoup de gens autour de moi.

D J'aimerais un métier avec un programme fixe.

E L'essentiel pour moi, c'est d'être très bien payé.

F Je n'aime ni les animaux ni les enfants. J'aimerais travailler avec des gens de mon âge.

1

Je reçois huit dollars canadiens

Voici des extraits de lettres de quatre québécois. Lis les textes et réponds aux questions ci-dessous.

> Je reçois huit dollars par semaine. Généralement, je fais des économies pour m'acheter des choses qui durent comme par exemple, un microscope ou un téléscope.
>
> **Julie**

> Mes parents me donnent dix dollars par semaine, mais il faut que je le mérite. Je dois faire la vaisselle, passer l'aspirateur et faire ma chambre. J'économise cinq dollars et j'utilise le reste pour aller voir les courses de motos et aller au théâtre ou au cinéma.
>
> **Claudie**

> Pour avoir de l'argent de poche, je dois tondre le gazon et sortir les ordures. Je suis très avare, c'est-à-dire que j'aime faire des économies. Je dépose mon argent sur un compte à la banque. Quand j'aurai suffisamment d'argent, je m'achèterai une moto.
>
> **Philippe**

> Pour gagner mon argent de poche, je vais vendre des fruits et des légumes au marché le week-end. Aussi, je classe des tomates par catégories et je coupe les choux-fleurs. Je mets la moitié de mon argent à la banque et avec l'autre moitié, j'achète des vêtements et des effets scolaires. J'adore me payer des revues ou des livres.
>
> **Richard**

1 Combien de jeunes font des économies?
2 Qui travaille le dimanche?
3 Qui aide à la maison pour avoir de l'argent?
4 Qui est scientifique?
5 Qui aime beaucoup lire?
6 Qui aime regarder les films?

1

Question-Réponse

Voici des réponses. Mais quelles étaient les questions?

Exemple
(Réponse) Mon père.
(Question) Qui te donne de l'argent de poche?

Réponses

1 Non, toutes les semaines.

2 Non, ils ne peuvent pas. Ils sont au chômage.

3 Oui, il faut par exemple faire la vaisselle ou laver la voiture.

4 Oui, je travaille le week-end dans le magasin de mon père.

5 Je paie l'inscription de mon club de sport.

6 Généralement, le vendredi et le samedi soir.

Questions

A Tu fais un petit boulot?

B Tu reçois de l'argent de poche tous les mois?

C Quand est-ce que tu fais du baby-sitting?

D Tes parents te donnent de l'argent de poche?

E Tu dois aider à la maison pour avoir de l'argent de poche?

F Qu'est-ce que tu achètes avec ton argent de poche?

Objectif 1 — Acheter de quoi manger

A = pain de campagne

C'est quel pain?

Regarde les photos et lis le texte.
Qu'est-ce que c'est comme pain?

Exemple

A = pain de campagne

Il y a toutes sortes de pains français. Il y a des pains longs et minces comme la baguette. Puis, il y a les petits pains, le gros pain et le pain de campagne. Il y a aussi des pains particuliers dans les différentes régions qui sont la spécialité de ces régions.

pain de campagne   *petits pains*

gros pain   *baguette*

Le pain quotidien

Regarde les photos et les textes.
Quel texte correspond à quelle photo?

C Le pain français doit être frais et croustillant.

E On l'utilise pour pousser la nourriture sur sa fourchette ou pour essuyer la sauce sur son assiette.

A En France, on mange du pain à tous les repas. Le matin on mange du pain avec de la confiture et du beurre.

B Beaucoup de Français trempent le pain dans le café ou le chocolat.

D Chaque personne pose son pain sur la table près de son assiette.

F Le sandwich français est très grand. C'est une baguette coupée en deux ou en trois avec du fromage ou bien du pâté, du jambon, de la salade ou des tomates.

Passe-moi le pain

Voici des statistiques sur la consommation de pain en France:

- Le Français typique mange plus de 170 grammes de pain par jour.

- Quatre Français sur cinq mangent du pain tous les jours.

- Un Français sur vingt ne mange jamais de pain.

- Sept sur dix pensent que le pain est particulièrement bon pour la santé!

- Sept Français sur vingt pensent que le pain fait grossir.

- Dix-sept Français sur vingt considèrent le pain comme un élément important dans un bon régime.

- Six Français sur dix mangent du pain tous les jours au petit déjeuner.

- Quatre Français sur cinq mangent du pain au déjeuner et au dîner.

Complète les phrases puis dessine un graphique pour illustrer ces statistiques.

Exemple

Seize Français sur vingt mangent du pain tous les jours.

1 _____ Français sur vingt pensent que le pain est particulièrement bon pour la santé.

2 Douze Français sur _____ mangent du pain tous les jours au petit déjeuner.

3 _____ Français sur vingt mangent du pain au déjeuner et au dîner.

Et toi?

Tu aimes manger du pain? Combien de fois par jour? Tu trouves que c'est bon pour la santé? Ou qu'il fait grossir?

A la boulangerie

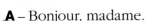 Ecoute la cassette et lis le texte.

A – Bonjour, madame.

B – Bonjour, monsieur.

A – Je voudrais un pain de campagne et une baguette, s'il vous plaît.

B – Et avec ça?

A – Quatre croissants

B – C'est tout?

A – Oui.

B – Ça fait trente et un francs.

A – Bonjour, monsieur.

B – Bonjour. Donnez-moi une douzaine de petits pains

A – Voilà. Et avec ceci?

B – Donnez-moi aussi un gros pain

A – Bien cuit ou pas trop cuit?

B – Bien cuit.

A – Voilà – trente et un francs… Merci. Bonne journée.

B – Merci.

A toi maintenant. Fais des dialogues avec ton/ta partenaire en remplaçant les mots en bleu.

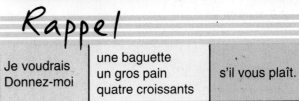

Baguette	5,20
Flûte	3,50
Pain de campagne	11,00
Gros pain	13,00
Pain au chocolat	3,50
Croissants	3,70
Petit pain	1,50

Rappel

Je voudrais Donnez-moi	une baguette un gros pain quatre croissants	s'il vous plaît.

UNE GRANDE VARIETE

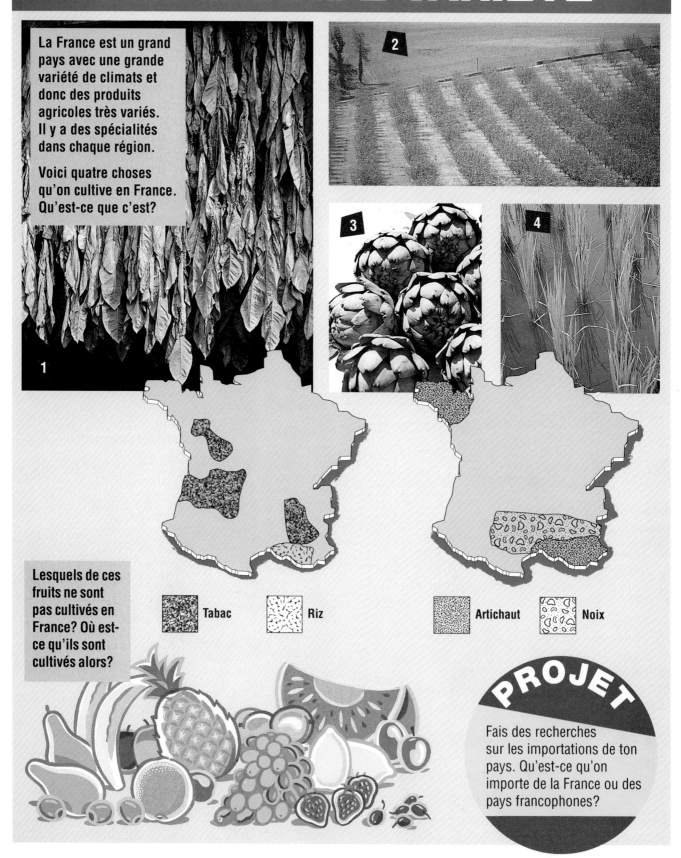

La France est un grand pays avec une grande variété de climats et donc des produits agricoles très variés. Il y a des spécialités dans chaque région.

Voici quatre choses qu'on cultive en France. Qu'est-ce que c'est?

Lesquels de ces fruits ne sont pas cultivés en France? Où est-ce qu'ils sont cultivés alors?

Tabac   Riz   Artichaut   Noix

PROJET

Fais des recherches sur les importations de ton pays. Qu'est-ce qu'on importe de la France ou des pays francophones?

Je voudrais trois artichauts

Ecoute la cassette et lis le texte. Puis fais des dialogues avec ton/ta partenaire. Remplace les mots en bleu par des fruits et des légumes sur la liste des prix. Ça coûte combien en tout?

– Bonjour, madame. Qu'est-ce que vous désirez?
– Je voudrais trois artichauts et une botte de radis
– Et avec ça?
– Un filet de pommes de terre nouvelles. Merci. Vous avez des melons?
– Désolée.
– Donnez-moi trois pamplemousses roses, alors.
– C'est tout?
– Oui, c'est tout.
– Vingt-huit francs quatre-vingt-dix

– Bonjour, monsieur. Qu'est-ce que je vous sers?
– Une livre d'abricots, s'il vous plaît.
– Et avec ceci?
– Quatre avocats, mais bien mûrs, s'il vous plaît.
– Voilà, monsieur, ceux-ci sont parfaits.
– Merci. Et je voudrais aussi des fraises. Elles sont à combien vos fraises?
– Neuf francs quatre-vingt-quinze la barquette.
– Oui, d'accord. En fait, j'en prends deux. Je vous dois combien en tout?
– Alors, attendez … en tout ça fait trente-sept francs cinquante

un filet		Vous avez des melons?
un kilo	de pommes de terre	J'en prends deux.
un demi-kilo		Donnez-moi deux pamplemousses.
une livre		Elles sont à combien, vos fraises?
		Je vous dois combien?

Rappel

On fait les courses

Qu'est-ce qu'on vend dans ces magasins? Travaille avec ton/ta partenaire.
Relie les produits aux bons magasins. Dresse des listes des produits en colonnes.

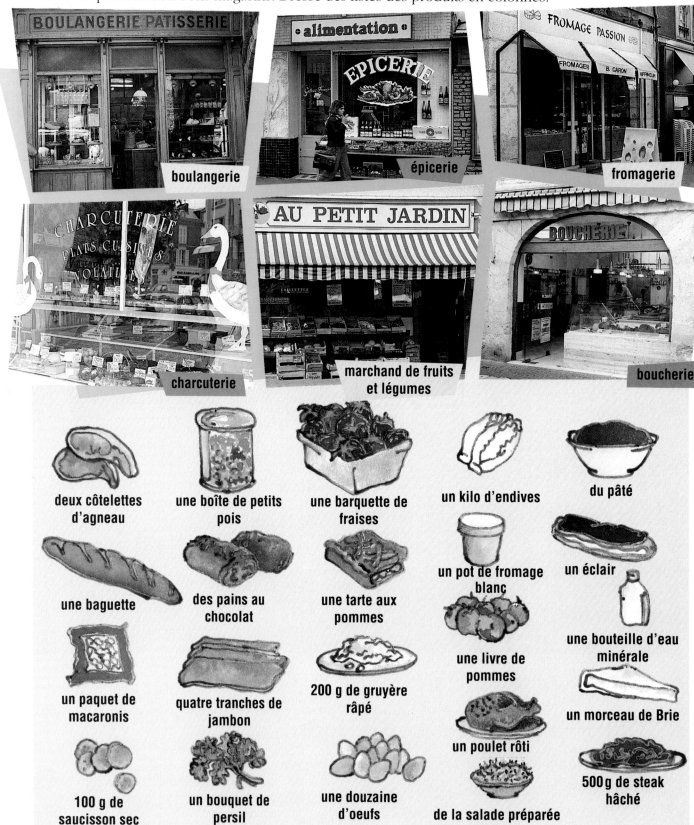

boulangerie

épicerie

fromagerie

charcuterie

marchand de fruits et légumes

boucherie

deux côtelettes d'agneau

une boîte de petits pois

une barquette de fraises

un kilo d'endives

du pâté

une baguette

des pains au chocolat

une tarte aux pommes

un pot de fromage blanc

un éclair

un paquet de macaronis

quatre tranches de jambon

200 g de gruyère râpé

une livre de pommes

une bouteille d'eau minérale

un morceau de Brie

100 g de saucisson sec

un bouquet de persil

une douzaine d'oeufs

un poulet rôti

de la salade préparée

500 g de steak hâché

Heures d'ouverture

La plupart des magasins ouvrent vers huit heures et demie. Il y a certains magasins qui ouvrent plus tôt le matin, par exemple, les boulangeries parce que les gens aiment bien acheter le pain frais le matin. Donc, la boulangerie ouvre quelquefois à six heures ou six heures et demie. Et beaucoup de magasins ferment à l'heure du déjeuner. Ça peut être entre une heure et demie et trois heures, ou entre midi et deux, selon la région ou la saison. Et le soir les magasins ferment en général à sept heures. Quelques petits supermarchés et quelques pâtisseries sont aussi ouverts le dimanche matin jusqu'à midi et demi ou une heure.

Regarde ces panneaux. Ça ouvre quand? A quelle heure ça ferme le soir? Et à midi?

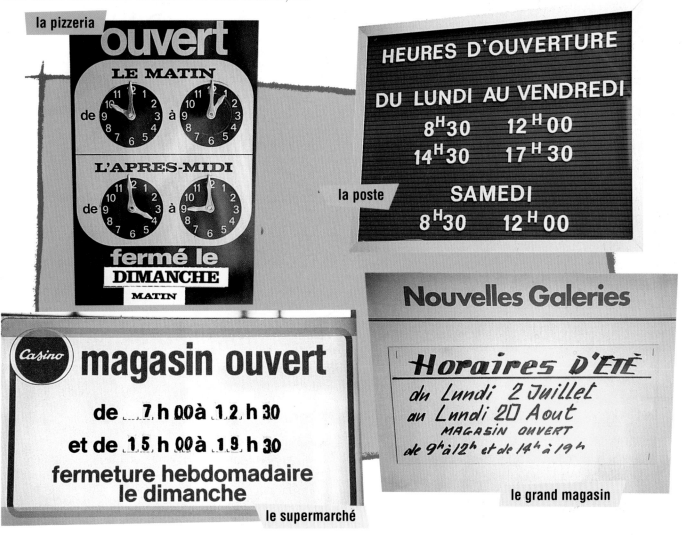

la pizzeria

la poste

le supermarché

le grand magasin

Vrai ou faux?

1 La poste ferme à midi le samedi.
2 Les Nouvelles Galeries ouvrent à huit heures le matin.
3 Le supermarché est ouvert le dimanche matin.
4 La pizzeria est fermée entre une heure et quatre heures.
5 La poste ferme entre midi et deux heures du lundi au vendredi.
6 Les Nouvelles Galeries ferment le soir à sept heures.
7 La pizzeria n'ouvre pas le dimanche matin.
8 A neuf heures moins le quart le lundi la poste serait ouverte.
9 Casino ouvre l'après-midi à quatorze heures.
10 Tous les quatre sont fermés à treize heures trente.

 Ecoute les conversations. Est-ce que les magasins sont ouverts ou non?

Les grandes surfaces

En France on trouve beaucoup de grandes surfaces surtout à l'extérieur de la ville. Les grandes surfaces sont de très grands magasins, par exemple les hypermarchés et les grands supermarchés. Beaucoup de gens préfèrent les grandes surfaces parce qu'on a un plus grand choix et cela coûte moins cher que dans les petits magasins. Le problème, c'est que les grandes surfaces sont énormes. Comment trouver ce qu'on cherche? D'abord il faut trouver le rayon, par exemple, le rayon alimentation, sports, vêtements, charcuterie. Il y a des panneaux partout (voir les photos). Si on ne trouve pas, il faut demander à un employé.

Au supermarché

Excusez-moi les biscuits, s'il vous plaît.

C'est là, après les jus de fruits et la limonade.

Où sont les chips?

Au rayon alimentation au fond à gauche.

Pardon, je cherche les bonbons.

A la caisse.

Je cherche des baskets.

Regardez dans le rayon sports.

Où se trouve le pain s'il vous plaît?

Vous avez le rayon boulangerie là-bas à côté de la charcuterie

Où sont les jeux vidéos, s'il vous plaît?

Au rayon jouets en face.

Travaille avec ton/ta partenaire. Dresse une liste d'achats. Choisis au moins cinq achats. Puis demande à ton/ta partenaire de te donner la direction.

Exemple
A – Excusez-moi, les biscuits, s'il vous plaît?
B – Au rayon alimentation à droite, près des confitures.

À propos

Il y a quelques prépositions qui finissent par 'de', par exemple: à côté de, en face de, près de, à gauche de, à droite de...

Si le mot après commence par '*la*' ou '*l*'', rien ne change.
Exemple à côté de la charcuterie, à gauche de l'entrée

Mais, si le mot après commence par '*le*', il faut changer (de + le → *du*).
Exemple près *du* rayon de sport, à côté *du* lait.

Si le mot après commence par '*les*', il faut changer (de + les → *des*).
Exemple près des pommes, à côté des t-shirts.

C'est bien, les marchés

Tu vas souvent au marché? Tu préfères aller au supermarché? En France et dans beaucoup de pays francophones, les marchés sont très importants. On y fait ses courses une ou deux fois par semaine. Les produits sont frais et les prix sont intéressants. Les fruits et les légumes sont très jolis et les marchands sont très sympathiques. On peut même négocier les prix avec certains marchands.

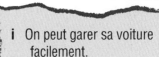

Guadeloupe

Sénégal

Marché ou supermarché

Lis les opinions de ces gens. Est-ce qu'ils parlent du marché ou du supermarché, à ton avis?

France

Et toi, qu'en penses-tu?
Tu es d'accord?

a C'est très joli.

b Les prix sont intéressants.

c Il y a un très grand choix.

d Il y a souvent des offres spéciales ou des réductions.

e Tout est au même endroit.

f C'est amusant. Il y a des marchands qui chantent pour attirer les clients.

g Souvent on peut goûter les fruits.

h C'est pratique parce qu'on peut tout mettre dans son chariot.

i On peut garer sa voiture facilement.

j La qualité est toujours bonne.

k C'est très sympathique.

l Les produits sont toujours très frais.

m Souvent ce n'est pas cher.

n On peut tout payer en même temps à la caisse, avec une carte bancaire si on veut.

o Il y a un grand choix.

p On rencontre souvent des amis.

q C'est très propre. Les fruits et les légumes sont lavés et emballés.

r Je n'aime pas faire la queue à la caisse.

s On a le temps, on n'est pas pressé.

t S'il pleut, cela n'a pas d'importance.

u C'est beaucoup plus rapide. On peut faire les courses une seule fois par semaine … cela fait gagner du temps.

Quiz: C'est bon ça?

1 Où est-ce qu'on trouve le plus de protéines?
- **a** dans les fruits et les légumes verts
- **b** dans les œufs et le fromage
- **c** dans le pain et les céréales

2 Quel casse-croûte a le plus de matière grasse?
- **a** une tranche de pizza
- **b** un sandwich au pâté
- **c** un hamburger-frites

3 Quelle boisson contient le plus de caféine?
- **a** une tasse de café
- **b** une tasse de thé
- **c** un coca

4 Quelle est la meilleure source de la vitamine C?
- **a** une orange
- **b** une pomme
- **c** le pain

5 Quelle est la meilleure façon de manger les carottes?
- **a** crues
- **b** bouillies
- **c** rôties

6 Il y a le moins de calories dans
- **a** un jus d'orange
- **b** une tasse de chocolat
- **c** un verre de lait

7 Dans la peau des fruits et des légumes il y a
- **a** très peu de vitamines
- **b** le maximum de vitamines
- **c** quelques vitamines

8 Quelle est la meilleure source de calcium (qui 'construit' nos os et nos dents)?
- **a** le lait et le fromage
- **b** la viande et le poisson
- **c** les fruits et les jus de fruits

Qu'est-ce que c'est, bien manger?

On a posé cette question à un chef cuisinier célèbre, à une élève et à un paysan. Voici leurs réponses:

Yves Thuriès

Bien manger, c'est manger avec plaisir quelque chose de bon, mais ce n'est pas forcément manger beaucoup. Bien manger, c'est aussi penser à manger équilibré. La gastronomie est l'art d'apprécier les plats, de savoir en détecter les odeurs, les saveurs, et en retirer un plaisir. Comme on peut aimer assister à un beau spectacle, écouter de la bonne musique ou regarder un beau tableau, déguster un bon repas est une sensation tout aussi honorable.

Aude Rouanet

Ça dépend. Moi, je n'aime pas passer des heures à table. Mais je n'aime pas tellement les fastfoods non plus. Des fois, c'est pratique, mais c'est tout. Pour moi, l'important c'est la variété – j'aime bien la cuisine italienne par exemple. Mais c'est important d'avoir un régime équilibré aussi.

Bernard Calvet

C'est manger les bons plats traditionnels, faits avec les légumes et la viande de chez nous. Et du bon pain et du bon vin avec. Et puis, manger bien, c'est aussi prendre le temps de manger. Le repas, c'est le moment de la journée où on peut parler, s'arrêter, se reposer un peu.

Est-ce qu'il y a des points en commun entre ces personnes? Note les points avec lesquels tu es d'accord. Puis rédige ta propre réponse à la même question.

Au fastfood

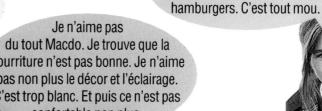

Didier: Moi, je déteste les fastfoods parce que je suis végétarien. Il y a très peu pour les végétariens. Donc, je n'y vais jamais. Ça me dégoûte, les hamburgers et les hotdogs.

Youssef: Moi, je vais souvent à Macdo avec mes copains. C'est très pratique et puis ce n'est pas cher. J'aime les hamburgers et les frites. C'est sympa comme endroit.

Fabrice: Je n'aime pas du tout Macdo. Je trouve que la nourriture n'est pas bonne. Je n'aime pas non plus le décor et l'éclairage. C'est trop blanc. Et puis ce n'est pas confortable non plus.

Véronique: La viande est bonne mais je n'aime pas les petits pains qu'on sert avec les hamburgers. C'est tout mou.

Leila: Ce que j'aime bien, c'est le service. Les serveurs et les serveuses sont toujours très aimables. Et puis aussi le service est très rapide. Et aussi les fastfoods sont très propres.

Natacha: Je n'aime pas l'emballage. Tout est emballé. Je déteste les boîtes en polystyrène pour les hamburgers et les sachets pour les frites. C'est très mauvais pour l'environnement.

Dresse une liste des 'pour et contre' concernant les fastfoods. Puis, fais un dialogue avec ton/ta partenaire, l'un(e) 'pour' et l'autre 'contre'.

Exemple

A – Tu aimes les fastfoods?

B – Oui, les fastfoods sont sympas. J'aime bien les hamburgers.

A – Moi, non. C'est dégoûtant. La viande n'est pas bonne et ce n'est pas confortable comme endroit.

Montréal, le 3 décembre

Madame, Monsieur,

Je sais que beaucoup des jeunes qui lisent 'Les Débrouillards' trouvent que les fastfoods sont bien. Le service y est rapide, et ce n'est pas cher non plus, c'est vrai. On peut aussi retrouver ses copains au fast à toutes les heures le weekend. Mais je ne suis pas du tout d'accord que les fasts sont sympas. Il y a toujours beaucoup de clients de tous les âges (non seulement les jeunes) et il n'y a pas toujours des tables de libre. En plus je trouve que les hamburgers n'ont pas de goût, ni la viande ni le pain. C'est quand même un mauvais régime, un hamburger-frites avec du ketchup! Pouah! C'est dégoûtant et c'est mauvais pour la santé!

Moi, je préfère carrément manger un sandwich bien frais en plein air.

Amicalement

Madeleine Lesueur

Selon Madeleine …

Lis la lettre sur les fastfoods que Madeleine a envoyée aux *Débrouillards*, magazine pour les jeunes du Québec. Elle est favorable aux fastfoods? Comment le sais-tu? Elle dit …?

A toi maintenant. Ecris une lettre comme ça. Dis ce que tu en penses. Sers-toi du Rappel, si tu veux.

Rappel

J'aime bien J'aime pas Je déteste	les fastfoods.	
La nourriture	est	bonne. dégoûtante.
	n'est pas	bonne. mauvaise. pratique.

Les dents

 Le docteur Hélène Jacob, dentiste à Versailles, parle des amis et des ennemis des dents.

Lis le texte, en écoutant la cassette, et prépare un poster pour la protection des dents. Dessine aussi un badge ou un autocollant, ou écris un slogan ou une petite chanson.

Les sucreries ne sont jamais vos amies. Surtout la nuit. Pourquoi? Parce que la salive, qui protège les dents contre le sucre, ne circule pas dans votre bouche. Vous dormez et votre salive aussi.

Evitez les sodas, le coca, le pepsi, la limonade, toutes ces boissons sont très, très sucrées!

Essayez cette petite expérience. Laissez un bout d'ongle dans un demi-verre de coca pendant la nuit. Vous dormez mais le coca travaille. Cherchez le bout d'ongle le lendemain. Que trouvez-vous? Où est l'ongle? Vous imaginez facilement l'effet du coca sur les dents!

Comment faire pour protéger vos dents? Rien de plus simple! Brossez-vous les dents régulièrement, le matin et le soir. Un vrai brossage dure deux, même trois bonnes minutes. Ecoutez en même temps votre chanson préférée, si vous voulez.

 C'est tout à fait recommandé pour suivre le rythme et respecter la durée. Rincez-vous la bouche après chaque repas. Certaines personnes aiment se brosser les dents après chaque repas.

Vos dents sont en équilibre dans votre bouche. Si vous aimez vos dents faites travailler les muscles de vos lèvres et de vos joues. Sifflez. Claquez la langue. Gonflez vos joues. Distribuez de gros bisous. C'est bon pour l'équilibre de la bouche, donc c'est bon pour vos dents.

Une recette

La grande spécialité bretonne, c'est les crêpes. Dans les crêperies on a un énorme choix de crêpes. Il y a les crêpes sucrées (avec du miel, du chocolat, de la confiture etc.) et il y a les crêpes salées qu'on appelle les galettes (avec du fromage, des œufs, du jambon etc.). Voici la recette pour faire une crêpe au chocolat. Mais les instructions sont dans le mauvais ordre. Remets-les dans le bon ordre. Puis écoute la cassette pour vérifier.

A Quand le premier côté est cuit, retournez la crêpe pour faire cuire l'autre côté.

B Ajoutez le sel et l'huile, puis versez le lait petit à petit en mélangeant bien. (Pour obtenir une pâte vraiment lisse, vous pouvez utiliser le mixer.) Laissez reposer la pâte à crêpes une heure.

C Repliez la crêpe … Et bon appétit!

D Après une heure faites chauffer la poêle avant de commencer à faire cuire les crêpes.

E Préparez les ingrédients: 250 g. de farine, 2 œufs, ½ l. de lait, une pincée de sel, 2 cuillères à soupe d'huile, un peu de beurre.

F Prenez une cuillerée de chocolat fondu et versez-la sur la crêpe.

G Pendant que la poêle chauffe, faites fondre dans une autre casserole une tablette de chocolat noir cassée en morceaux avec un peu de beurre et une goutte de lait, en mélangeant sans arrêt.

H Prenez un saladier, versez la farine dedans. Faites un puits et cassez les œufs à l'intérieur.

I Servez la crêpe sur une assiette.

J Puis graissez la poêle avec un papier beurré et versez une louche de pâte à crêpes.

Pourquoi n'en ferais-tu pas une toi-même à la maison? C'est facile et c'est délicieux!

Rappel

Préparez	les ingrédients.
Ajoutez	le sel et l'huile.
Faites	chauffer la poêle. fondre une tablette de chocolat.
Versez	une louche de pâte à crêpes.
Servez	la crêpe sur une assiette.
Prenez	une cuillerée de chocolat fondu.

Station service

Asking questions

Vous avez	des melons?	Have you got any melons?	142
Elles sont à combien,	vos fraises?	How much are your strawberries?	
Je vous dois combien?		How much do I owe you?	
A quelle heure	ça ouvre?	What time does it open?	
	ça ferme?	What time does it close?	

Expressing opinions

C'est	bon.	It tastes good.
	dégoûtant.	It's disgusting.
Le pain fait grossir.		Bread is fattening.
J'aime bien	les fastfoods.	I like fastfood restaurants.
Je n'aime pas	les fastfoods.	I don't like fastfood restaurants.
	l'emballage.	I don't like the packaging.
C'est très mauvais pour l'environnement.		It's bad for the environment.
La viande	est bonne.	The meat tastes good.
	n'est pas bonne.	The meat tastes awful.
C'est sympa.		It's a nice atmosphere.

Shopping

Je voudrais	une baguette.	I'd like a loaf.	
Donnez-moi	un gros pain.	A large loaf please.	
J'en prends	deux.	I'll have two.	134
Un filet de	pommes de terre.	A bag/net of potatoes.	133
C'est tout.		That's all.	

Giving instructions

Evitez	les sodas.	Avoid fizzy drinks.	141
Brossez-vous	les dents.	Brush your teeth.	
Rincez-vous	la bouche après chaque repas.	Rinse your mouth after every meal.	
Prenez	un saladier.	Take a bowl.	
	une cuillerée de chocolat fondu.	Take a spoonful of melted chocolate.	
Ajoutez	le sel.	Add the salt.	
Versez	le lait.	Pour in the milk.	
Servez	la crêpe sur une assiette.	Serve the pancake on a plate.	

Chez Macdo

Ecris la première lettre de chaque dessin pour
trouver le mot juste.

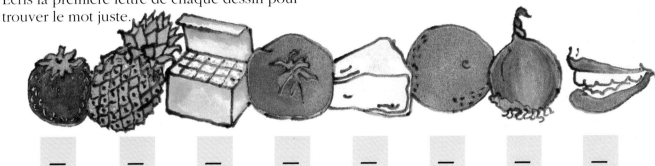

— — — — — — — —

Fais d'autres exemples pour montrer à tes copains,
par exemple, hamburger, supermarché, santé.

Trouve les partenaires

deux côtelettes

un pot

six tranches

une boîte

une bouteille

une tablette

une barquette

une botte

une tarte

une douzaine

de radis

de chocolat

de fraises

d'œufs

de petits pois

d'eau minérale

aux pommes

de fromage blanc

d'agneau

de jambon

Ça y est!

Trouve le texte qui correspond à chaque dessin.

1 Le service est très rapide.

2 L'éclairage est très blanc.

3 Les serveurs sont toujours souriants.

4 Les fastfoods sont très propres.

5 Ce n'est pas très cher.

1 Marchand ou client?

Lis les phrases. Qui dit ça? C'est le client ou le marchand? Ecris les bonnes phrases sous 'Marchand' ou 'Client'.

Exemple

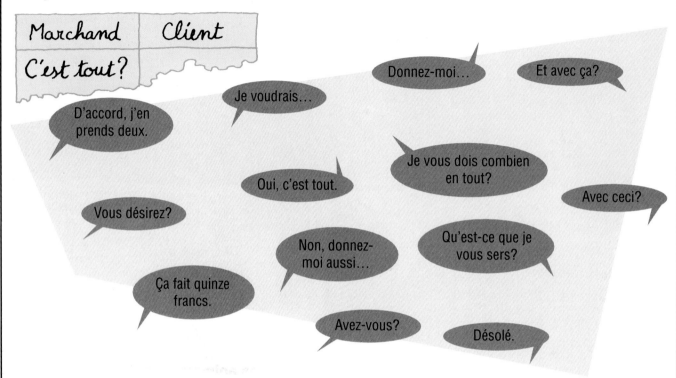

Marchand | Client
C'est tout?

D'accord, j'en prends deux.

Je voudrais…

Donnez-moi…

Et avec ça?

Je vous dois combien en tout?

Oui, c'est tout.

Avec ceci?

Vous désirez?

Qu'est-ce que je vous sers?

Non, donnez-moi aussi…

Ça fait quinze francs.

Avez-vous?

Désolé.

1 On a le choix

Recopie les phrases et remplis les blancs par les adjectifs justes.

Exemple

Il y a toujours une *bonne* ambiance dans les marchés.

1 Les fruits et les légumes dans les supermarchés sont souvent _____ et _____.

2 Les fruits sont souvent moins _____ au marché.

3 Il y a souvent les offres _____ au supermarché.

4 C'est _____ parce qu'on peut tout mettre dans son chariot.

5 Dans les grands supermarchés, les prix sont _____.

6 Beaucoup de marchands au marché vendent leur _____ production.

spéciales   *propre*   *intéressants*
emballés   *pratique*   *lavés*   *chers*

1 A la boulangerie

Recopie le dialogue dans le bon ordre.

– Merci. Au revoir.
– Ce n'est pas grave. Voilà cent quatre-vingt-neuf francs.
– Onze francs.
– Les voilà. C'est tout?
– Donnez-moi deux baguettes, s'il vous plaît.
– Bonjour madame. Vous voulez?
– Excusez-moi, je n'ai pas de monnaie. Je n'ai qu'un billet de deux cents francs.
– Non, je voudrais aussi un gros pain. Ça fait combien?

1 Ballade des courses

Lis le poème et trouve des mots qui riment pour remplir les blancs.

*Au supermarché, c'est pr- - -que
   mais très facile de dépenser son fric.
Pour moi c'est le m- - - -é qui m'attire le plus,
   j'aime surtout le marché aux puces!
Aux supermarchés les prix sont intéressants –
   Six pizzas pour moins de cent vingt f- - - -s!
C'est vrai, le prix est important,
   mais au marché on rencontre les g- -s.
Ce qui est bien dans les s- - -r- - - -é-,
   C'est qu'on peut payer avec son chéquier.
Mais au marché ça fait vraiment plaisir
   on peut bavarder avant de ch- - - -r.
Oui, mais on porte les achats sur le dos.
   Ici on les met tous dans un ch- - - -t.*

2 Au fast

Lis le texte. Choisis l'adjectif juste pour chaque phrase.

*aimables
végétarien
rapide
mou
bonne*

1 J'adore les hamburgers. La viande est très _____.
2 Je suis _____. La viande me dégoûte.
3 Le service dans les fastfoods est _____.
4 Le pain avec les hamburgers est tout _____.
5 Les serveuses dans les fastfoods sont très _____.

2 J'adore les animaux

Mon premier est dans *vélo* mais pas dans *stylo*.

Mon deuxième est dans *élève* mais pas dans *lève-toi!*

Mon troisième est dans *gâchis* mais pas dans *haché*.

Mon quatrième est dans *déteste* mais pas dans *texte*.

Mon cinquième est dans *pratique* mais pas dans *propre*.

Mon sixième est dans *pain* mais pas dans *vin*.

Mon septième est dans *cher* mais pas dans *sachet*.

Mon huitième est dans *frites* mais pas dans *dessert*.

Mon neuvième est dans *j'aime* mais pas dans *jamais*.

Mon dixième est dans *viande* mais pas dans *voudrais*.

Objectif 1

Parler de la planète

Le système solaire

Neptune

Uranus

Vénus Soleil Mercure

Mars

Terre

Saturne

Jupiter

Quiz solaire

Que sais-tu du système solaire?

1 Quelle est la planète la plus proche du soleil?

2 Quelle est la planète la plus éloignée du soleil?

3 Quelle est la planète la plus petite?

4 Quelle est la planète la plus grande?

5 Quelle est la seule planète du système à accueillir la vie?

6 Quelle est la planète la plus froide?

7 Quelle est la planète la plus chaude?

8 Quelle est la planète la plus proche de Pluton? (Attention!)

9 Quelle était la première planète à être découverte au téléscope en 1781? Mars? Mercure? Uranus?

10 En 1846 François Le Verrier, astronome français, a découvert une planète. Laquelle? Saturne? Neptune? Mercure?

Pluton

Rappel

Que sais-tu du système solaire?					
Quelle est	la planète	la plus	proche éloignée	de du	Pluton? soleil?

La Terre et ses records

Pose une question à tour de rôle à ton/ta partenaire. On marque un point pour une bonne réponse donnée en moins de cinq secondes.

1 Quel est le plus grand canyon du monde?
2 Quel est la température la plus basse?
3 Quelle est la plus grande île?
4 Quel est la température la plus haute?
5 Quel est le fleuve le plus long?
6 Quelle est la plus haute montagne?
7 Quel est l'endroit le plus sec?
8 Quelle est la plus haute chute d'eau?

La température la plus basse: Moins de 89,2 degrés Celsius, enregistrés à Vostok, en Antarctique.

La plus haute chute d'eau: La chute de Salton Angel, au Vénézuéla, sur la rivière Carrao. Sa hauteur est de 979 mètres.

Le fleuve le plus long: Le Nil. Il parcourt 6 671 kilomètres.

L'endroit le plus sec: Le désert d'Atacama, au Chili. Il pleut moins d'un millimètre d'eau par an.

La température la plus élevée: 58 degrés Celsius, enregistrés à Al Aziziah, en Libye.

Le plus grand canyon: Le Grand Canyon du Colorado aux Etats-Unis: 349 kilomètres de long, six à 20 kilomètres de large et environ 1 600 mètres de profondeur.

La plus haute montagne: Le Mont Everest dans la chaîne de l'Himalaya. Il culmine à 8 848 mètres d'altitude.

La plus grande île: l'Australie. Avec 7,7 millions de kilomètres carrés, elle représente plus des trois quarts de la superficie de l'Europe.

A toi maintenant de chercher d'autres records mondiaux. Fais un quiz de géographie en classe.

A propos

Le superlatif, c'est le maximum.

Sais-tu formuler des phrases au superlatif? Rien de plus simple!

la	ville forêt rivière	la plus	polluée protégée
le	village fleuve lac	le plus	pollué propre long
les	forêts	les plus	polluées protégées
	animaux		protégés menacés

Exemple

Saleville est la ville la plus polluée de la France.

Non, Pollubourg est la ville la plus polluée.

Les climats de la Terre

Aujourd'hui il existe huit grands climats sur la Terre. Regarde la carte et lis la description de ces huit climats. Puis réponds aux questions ci-dessous.

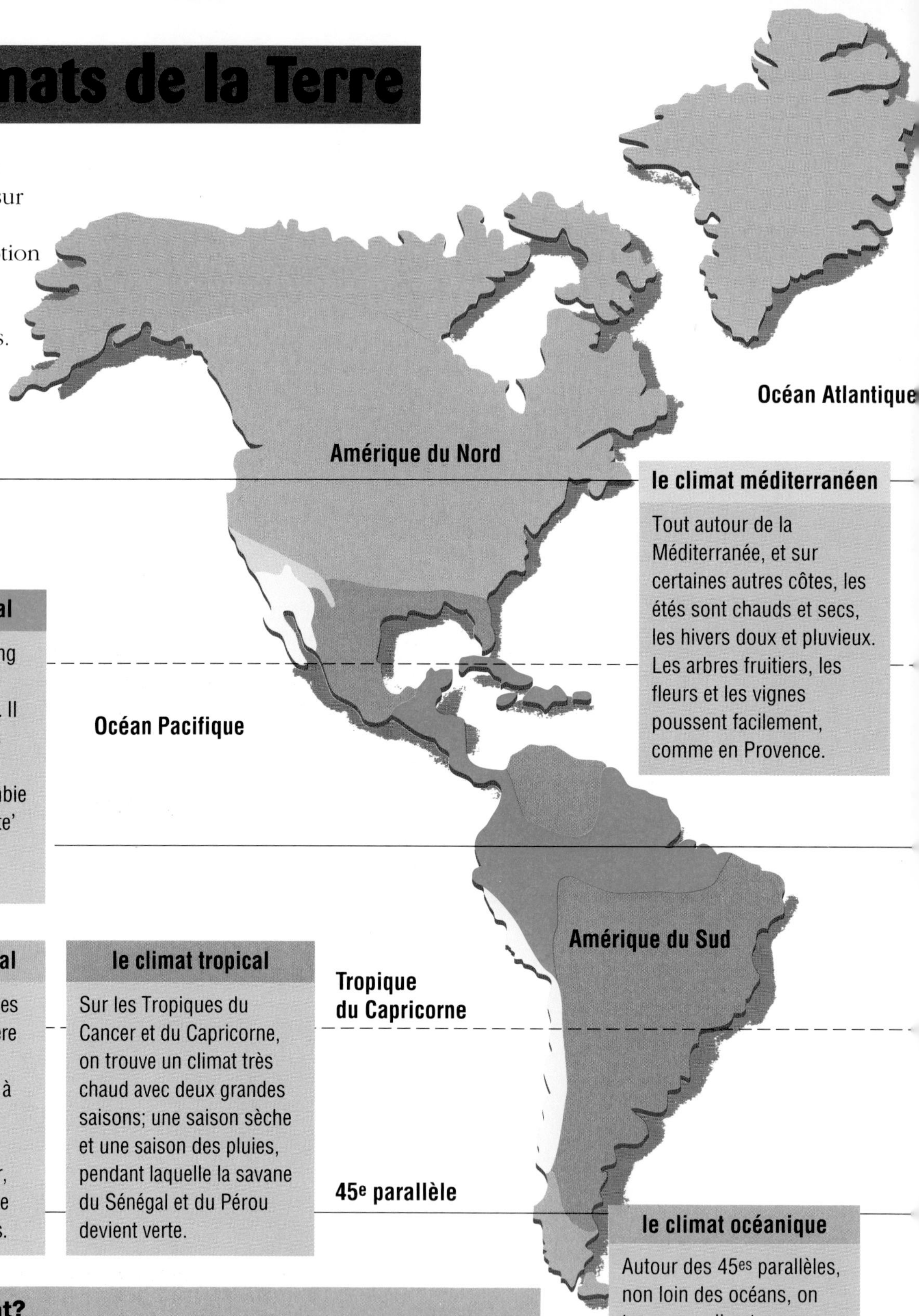

Océan Atlantique

Amérique du Nord

le climat méditerranéen

Tout autour de la Méditerranée, et sur certaines autres côtes, les étés sont chauds et secs, les hivers doux et pluvieux. Les arbres fruitiers, les fleurs et les vignes poussent facilement, comme en Provence.

le climat équatorial

C'est le climat tout le long de l'équateur. C'est un climat chaud et humide. Il pleut tous les jours. Les forêts du Gabon, de l'Indonésie, de la Colombie forment la 'ceinture verte' de la Terre.

Océan Pacifique

le climat continental

Sur les grands espaces des continents de l'hémisphère nord, la différence de température est énorme: à Moscou, la température descend en dessous de moins 20 degrés en hiver, alors qu'en été, elle monte parfois jusqu'à 40 degrés.

le climat tropical

Sur les Tropiques du Cancer et du Capricorne, on trouve un climat très chaud avec deux grandes saisons; une saison sèche et une saison des pluies, pendant laquelle la savane du Sénégal et du Pérou devient verte.

Tropique du Capricorne

Amérique du Sud

45e parallèle

le climat océanique

Autour des 45es parallèles, non loin des océans, on trouve un climat avec quatre saisons. Les étés sont tièdes, les hivers doux, il pleut toute l'année.

C'est quel climat?

1 Il fait toujours chaud en été. En hiver il ne fait pas froid mais il pleut de temps en temps.
2 Il y a de grandes différences de température entre l'hiver et l'été.
3 Il fait très chaud pendant la journée et il ne pleut presque jamais.
4 Il fait très chaud mais il pleut tout le temps.
5 Il ne fait ni très froid ni très chaud. Il pleut pendant toute l'année.

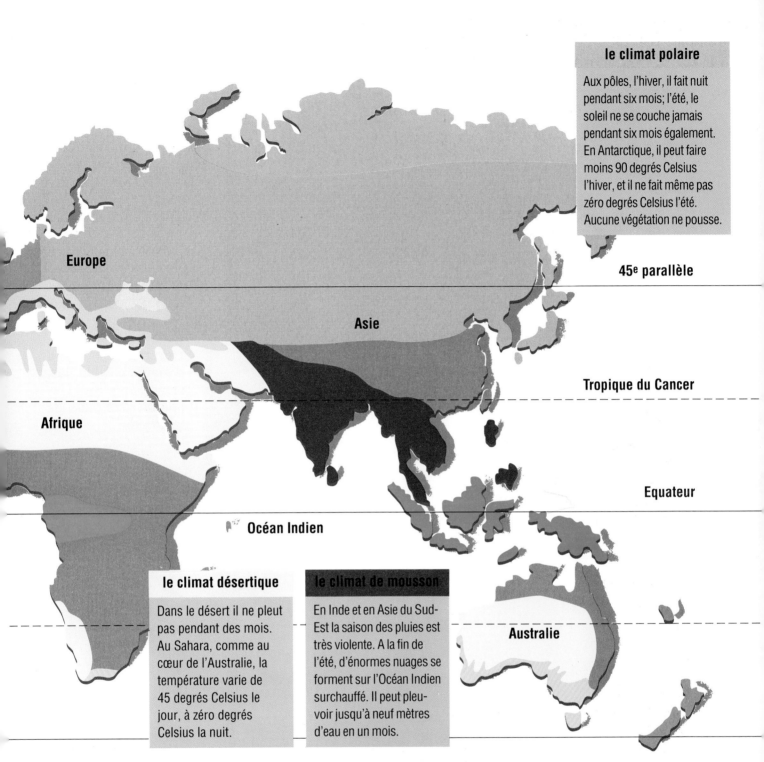

le climat polaire

Aux pôles, l'hiver, il fait nuit pendant six mois; l'été, le soleil ne se couche jamais pendant six mois également. En Antarctique, il peut faire moins 90 degrés Celsius l'hiver, et il ne fait même pas zéro degrés Celsius l'été. Aucune végétation ne pousse.

Europe

Asie

45e parallèle

Tropique du Cancer

Afrique

Equateur

Océan Indien

le climat désertique

Dans le désert il ne pleut pas pendant des mois. Au Sahara, comme au cœur de l'Australie, la température varie de 45 degrés Celsius le jour, à zéro degrés Celsius la nuit.

le climat de mousson

En Inde et en Asie du Sud-Est la saison des pluies est très violente. A la fin de l'été, d'énormes nuages se forment sur l'Océan Indien surchauffé. Il peut pleuvoir jusqu'à neuf mètres d'eau en un mois.

Australie

Quel climat fait-il dans ces endroits?

Viet Nam   Guadeloupe
Québec   Groenland
Sénégal   Egypte
Liban   Belgique

Et toi? Quel climat préférerais-tu? Pourquoi?

Moi, je préférerais le climat tropical ou le climat méditerranéen. J'adore le soleil!

Moi non. Je préfère le climat océanique. Il fait beau et j'aime bien aussi la pluie de temps en temps. Le climat tropical est trop chaud pour moi.

Notre terre menacée

Lis les textes et choisis la phrase qui correspond
à chacun.

A Les usines
et les automobiles
émettent des
produits chimiques
dans l'atmosphère.
Ces gaz se
transforment en
acide sulfurique et
en acide nitrique,
qui retombent sur
la terre avec la
pluie. Cela tue la
végétation.

l'effet de serre

B Les forêts
amazoniennes sont
détruites à cause du
bois. Le bois est
exporté vers les pays
riches pour la
fabrication de
meubles et d'articles
décoratifs. En plus, on
détruit des forêts pour
élever les animaux. Ils
donnent ensuite de la
viande pour les
hamburgers dans les
fastfoods.

la marée noire

le problème des déchets nucléaires

C Les pétroliers – les bateaux qui
transportent le pétrole sur la mer – posent un
grave problème. Il y a parfois des accidents
où le pétrole entre dans l'eau. L'eau de la mer
devient sale. Les plantes, les oiseaux de mer
et les poissons meurent. Les plages aussi
sont souvent recouvertes de pétrole.

D Il y a beaucoup de sortes d'animaux qui
disparaissent chaque année à cause de l'homme.
Les poissons sont empoisonnés par les produits
chimiques jetés dans les rivières et dans les lacs.
La pêche industrielle menace les baleines et les
dauphins. Il y a l'exploitation des animaux rares
comme les éléphants qui sont tués pour leur ivoire.

la destruction des forêts

la disparition des espèces rares

E   Les produits radioactifs posent toujours un très grand danger à l'environnement, surtout si une centrale nucléaire n'est pas en très bon état. Et que faire des déchets nucléaires? Le recyclage est très dangereux et coûte cher. En plus il faut attendre des centaines d'années pour que la radioactivité disparaisse complètement.

la pluie acide

F   Pour faire de l'électricité les centrales émettent du gaz carbonique (CO_2). Quand l'air contient trop de carbone, la Terre se réchauffe et il y a des inondations et des sécheresses.

Notre planète est en danger

Quelle est ton opinion? Quels sont les problèmes les plus graves?

Pour moi le problème le plus grave, c'est l'effet de serre. C'est très dangereux aussi, la pluie acide.

Moi, je trouve que le problème des déchets nucléaires est le plus grave.

Moi, je n'aime pas du tout la destruction des forêts. C'est idiot.

Je déteste l'exploitation des animaux.

Cycle de pureté
Voilà le cycle de l'eau…

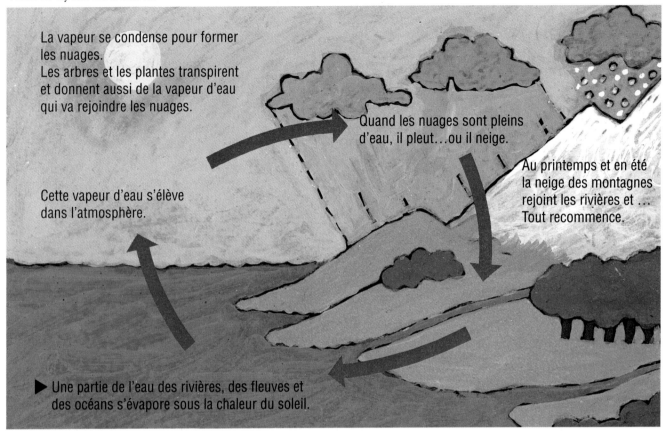

La vapeur se condense pour former les nuages.
Les arbres et les plantes transpirent et donnent aussi de la vapeur d'eau qui va rejoindre les nuages.

Cette vapeur d'eau s'élève dans l'atmosphère.

Quand les nuages sont pleins d'eau, il pleut…ou il neige.

Au printemps et en été la neige des montagnes rejoint les rivières et … Tout recommence.

▶ Une partie de l'eau des rivières, des fleuves et des océans s'évapore sous la chaleur du soleil.

Saletés recyclées
…et voilà comment on salit le cycle…

Les industries

La pollution industrielle est la plus dangereuse. Les industries jettent chaque année des tonnes de déchets toxiques dans les lacs, les rivières et les fleuves. Les produits les plus toxiques sont les métaux lourds (mercure, plomb, aluminium) et les acides.

L'agriculture

Les insecticides, les herbicides, les engrais chimiques vont souvent dans les rivières. Par conséquent, les algues poussent et absorbent l'oxygène. Ensuite, cela tue les poissons.

La pollution municipale

Chaque famille contribue à la pollution de l'eau. Les déchets de chaque maison sont enterrés dans le sol, ce qui contamine le réseau aquatique.

A qui la faute?

Qui est-ce qu'on peut accuser? Qui est responsable de tous les problèmes de l'environnement? Ecoute la cassette et lis les opinions de ces cinq jeunes. Qui parle?

Olga
C'est la faute du gouvernement.

Aline
A mon avis c'est la responsabilité de chaque famille.

Didier
Je trouve que c'est un petit peu la faute de tout le monde et la responsabilité de tout le monde.

Martin
C'est la faute de l'administration locale. Elle peut surveiller les gens plus étroitement.

Sakina
Je pense que c'est la faute des enseignants et des écoles.

Et toi? Qu'en penses-tu? Donne tes propres opinions à ton/ta partenaire.

Exemple
A – La pollution – A qui la faute?
B – A mon avis c'est la faute de chaque famille. Tout le monde a des déchets.
A – Non, ce n'est pas la faute de chaque famille! C'est la faute et la responsabilité du gouvernement!

ALPHONSE et...

...ET DES PILES POUR MON RÉVEIL!

AH NON, ELLES NE SONT PAS RECHARGEABLES!

MAIS... ÉCOUTE

CHHT! C'EST LA SEMAINE DE PROTECTION DE L'ENVIRONNEMENT À SON ÉCOLE. ALORS...

... DU SAVON

PAS PERMIS! ÇA POLLUE L'EAU!

...ET DU PAPIER, POUR L'ÉCOLE...

C'EST PAS RECYCLÉ. DESTRUCTION DES FORÊTS

SALUT LAURENCE!

DIS-MOI ALPHONSE QU'EST-CE QUE TU FAIS POUR L'ENVIRONNEMENT?

ET BIEN, JE NE ME LÈVE PLUS, JE NE ME LAVE PLUS ET JE NE FAIS PLUS MES DEVOIRS.

Sans paroles

Regarde la bande dessinée. Tous les sons manquent (VROUM! PAF! etc).
Trouve les sons justes pour chaque image dans la liste ci-dessous.
Après, écoute la cassette et suis cette histoire sans paroles.

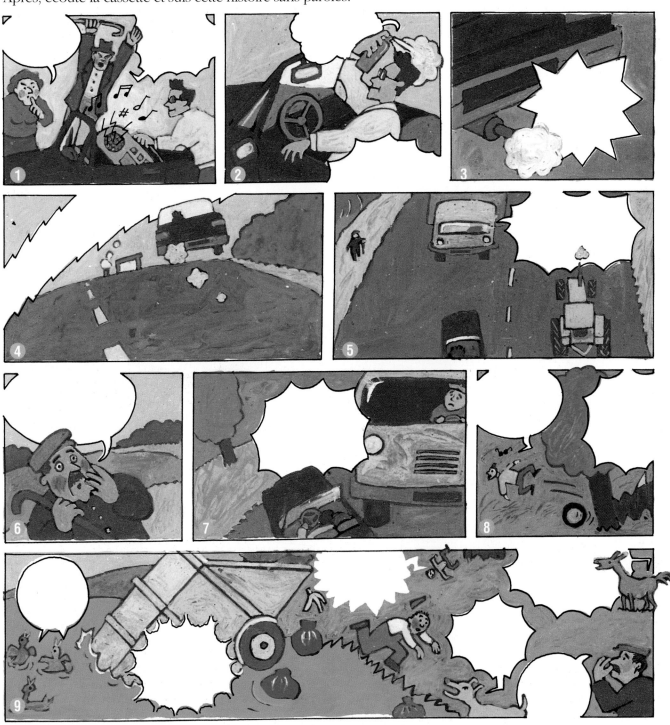

CLAC! PLOUF!   OUA OUA!   HE HO!   HE!   COIN COIN!
BROUM! POUAH!   OH LA LA!   PSCHHHTTT!   CRAC!
BOUM!   HI HAN!   VROUM!   PAF!   CHUTTT!   AIE!

A toi maintenant. Répète la scène et enregistre-la, si tu veux. Ou bien, travaille avec des partenaires pour inventer une autre histoire en interjections.

Eco quiz

Combien de temps mettront ces déchets à disparaître dans la terre?

Choisis les bonnes réponses.

Une peau de banane, ça met une semaine à disparaître, à mon avis.

Quoi! Non, je ne suis pas d'accord. Ça met quelques semaines.

1 une peau de banane
A trois jours
B une semaine
C quelques semaines

2 un journal
A deux semaines
B six mois
C un mois

3 un pneu en caoutchouc
A trente ans
B plus de cent ans
C cinquante ans

4 un sac en plastique
A neuf mois
B deux ans
C vingt-cinq ans

5 les déchets nucléaires
A deux cents ans
B des milliers d'années
C cent ans

6 une cannette de soda
A plusieurs milliers d'années
B cent ans
C trois cents ans

Y aura-t-il un demain?

Je regarde l'o-cé-an
Où flottent les dé-chets ___
Et son vaste ho-ri-zon ___
Ponc-tué de pét-ro-liers ___
Où plongent les ba-lei-nes ___
A-tten-dant leur de-stin ___
Et je me de-man-de ___
Y au-ra-t-il un-de-main?

2
Je regarde la forêt
Que la pluie a tuée
Où les mille tronçonneuses
Poussent leur cri sans arrêt
Où chantent les oiseaux
Au petit matin
Et je me demande
Y aura-t-il un demain?

3
Je regarde le ciel
Où montent les fumées
Et les traces d'avions
Où s'élancent les fusées
Où tournent les planètes
Dans le vide sans fin
Et je me demande
Y aura-t-il un demain?

4
Je regarde la Terre
Où meurent les forêts
Le grand bleu du ciel
Et les mers menacées
Là où vivent les hommes
Dont la moitié a faim
Et je me demande
Y aura-t-il un demain?

On peut...

Qu'est-ce qu'on peut faire pour protéger notre monde? Travaille avec un(e) partenaire. Pose et réponds à des questions à tour de rôle. Il y a beaucoup de possibilités de réponses pour chaque question.

Exemple

A – Qu'est-ce qu'on peut faire pour économiser de l'énergie?

B – Eteindre la lumière quand on quitte une pièce.

A – Oui et prendre le bus au lieu de la voiture.

Qu'est-ce qu'on peut faire pour:
- économiser nos ressources d'énergie?
- protéger l'atmosphère?
- économiser de l'argent?
- protéger l'environnement?

ETEINDRE

◣ la lumière quand on quitte une pièce

ACHETER

◣ des produits recyclés
◣ des produits non nuisibles à l'environnement
◣ des produits biodégradables
◣ de l'essence sans plomb

Consulte les étiquettes sur les produits que tu achètes. Evite les produits aux emballages sophistiqués.

RECYCLER

◣ les bouteilles
◣ les cannettes
◣ les journaux

Pourquoi jeter quand on peut recycler? L'utilisation du verre recyclé, par exemple, permet d'économiser, en quantité, le sable de nos rivières et de nos forêts.

UTILISER

◣ les sacs en plastique plusieurs fois
◣ des piles rechargeables

En utilisant une pile rechargeable jusqu'à 500 fois, tu éviteras de jeter 50 à 150 piles dans la nature!

TRIER

◣ les déchets
◣ les bouteilles
◣ les cannettes

On risque d'épuiser les ressources du monde. Recycle tout ce qui est possible. S'il n'y a pas de conteneur pour cannettes près de chez toi – demandes-en-un!

REFUSER

- les bombes et les vaporisateurs qui contiennent des gaz CFC
- les sacs en plastique au supermarché

Les CFC attaquent l'ozone de l'atmosphère, ce qui nous protège des rayons ultraviolets.

PRENDRE

- le bus ou le train au lieu de la voiture

Comme ça on aura aussi moins d'embouteillages – les embouteillages produisent énormément de pollution.

ALLER

- à pied
- à vélo

Ça évite la consommation des ressources du monde, c'est gratuit, et c'est bon pour la santé en plus!

ROULER

- plus lentement

Une voiture qui roule à 110 kilomètres à l'heure peut utiliser jusqu'à 30% de plus de carburant qu'une voiture qui roule à 80.

FAIRE PARTIE

- d'une organisation pour la protection de l'environnement

Par exemple, Les Amis de la Terre ou le Fonds Mondial pour la Nature.

ECONOMISER

- eau
- électricité
- gaz
- essence

En laissant couler un robinet pendant trois minutes (le temps de se brosser les dents) on dépense 18 litres d'eau.

FERMER

- les portes et les fenêtres quand le chauffage marche

La production de l'énergie use les ressources du monde et produit en plus des déchets nocifs.

Notre planète

Notre planète qui s'appelle la Terre est pleine de montagnes, forêts et rivières. Elle est si belle mais si fragile. Protégeons-la .... c'est notre domicile!

Essaie d'écrire ou de dessiner un poème sur l'environnement.

Station service

Asking questions

143, 136

| Quel est | le plus grand canyon du monde? | Which is the biggest canyon in the world? |

| Quelle est | la planète la plus grande? | Which is the biggest planet? |

| Quels sont | les problèmes les plus graves? | What are the most serious problems? |

| A qui la faute? | | Whose fault is it? |

| Qui est responsable de tous nos problèmes de l'environnement? | | Who is responsible for all our environmental problems? |

| Qu'est-ce qu'on peut faire pour | protéger notre monde? | What can we do to protect our world? |
| | économiser de l'énergie? | What can we do to save energy? |

Expressing opinions

| C'est | très dangereux, la pluie acide. | Acid rain is very dangerous. |
| | idiot. | It's stupid. |

| Pour moi le problème le plus grave, c'est l'effet de serre. | | I think the greenhouse effect is the most serious problem. |

| Moi, je trouve que | le problème des déchets nucléaires est le plus grave. | I think nuclear waste is the most serious problem. |

| A mon avis, c'est la responsabilité de chaque famille. | | I think it's the responsibilty of every family. |

| Je déteste l'exploitation des animaux. | | I hate animal exploitation. |

| Je pense que c'est | la faute des gouvernements. | I think governments are to blame. |
| | un petit peu la faute de tout le monde. | I think everyone is a bit at fault. |

Saying what you can do to solve problems

138

On peut	recycler les bouteilles.	You can recycle bottles.
	acheter de l'essence sans plomb.	You can buy unleaded petrol.
	utiliser des piles rechargeables.	You can use rechargeable batteries.
	trier les déchets.	You can sort your rubbish.
	rouler plus lentement.	You can drive more carefully.

1 Débrouille les phrases

Mercure plus la soleil proche est du planète la

du solaire planète est la froide la plus Pluton système

est la système du la grande plus solaire Jupiter planète

2 Trouve le contraire

Lis les phrases. Trouve le contraire.

Exemple

le plus pollué + le plus propre

1 le plus proche	**A** le plus court
2 le plus chaud	**B** le plus froid
3 le plus grand	**C** le plus bas
4 le plus haut	**D** le plus petit
5 le plus rapide	**E** le plus lent
6 le plus long	**F** le plus éloigné

Cherche l'intrus

a Soleil
Jupiter
Vénus

b été
hiver
saison

c économiser
recycler
polluer

d piles rechargeables
destruction des forêts
pluie acide

e grave
beau
dangereux

f déchets radioactifs
produits biodégradables
marées noires

g baleines
dauphins
pétroliers

h pluie
neige
climat

i Europe
Tropique du Cancer
Equateur

j mois
temps
semaine

1 Les îles flottantes

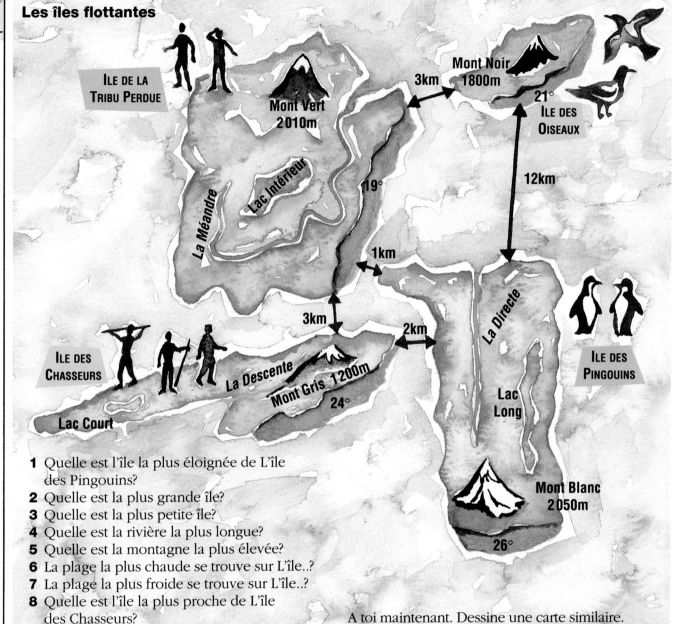

ÎLE DE LA TRIBU PERDUE

Mont Vert 2010m

Mont Noir 1800m

3km

21° ÎLE DES OISEAUX

La Méandre

Lac Intérieur

19°

12km

1km

3km

2km

La Directe

ÎLE DES CHASSEURS

La Descente

Mont Gris 1200m 24°

Lac Court

Lac Long

ÎLE DES PINGOUINS

Mont Blanc 2050m

26°

1 Quelle est l'île la plus éloignée de L'île des Pingouins?
2 Quelle est la plus grande île?
3 Quelle est la plus petite île?
4 Quelle est la rivière la plus longue?
5 Quelle est la montagne la plus élevée?
6 La plage la plus chaude se trouve sur L'île..?
7 La plage la plus froide se trouve sur L'île..?
8 Quelle est l'île la plus proche de L'île des Chasseurs?
9 Quelle est l'île la plus longue?
10 Quel est le lac le plus petit?

A toi maintenant. Dessine une carte similaire. Nomme les îles, les lacs, les montagnes et les rivières et écris des questions pour tes partenaires.

2 Eco-conséquences

Trouve la conséquence de chaque problème écologique. Choisis la bonne lettre.

1 *la pluie acide*
2 *un trou dans la couche d'ozone*
3 *le réchauffement de l'atmosphère*
4 *la marée noire*
5 *l'utilisation de bois dur pour la construction de maisons et de meubles*

A *des inondations*
B *la pollution de la mer*
C *la végétation morte*
D *des rayons de soleil dangereux sur la Terre*
E *la destruction de la forêt amazonienne*

2 L'effet de serre

Recopie le texte en remplissant les blancs. Les mots qui manquent sont ci-dessous.

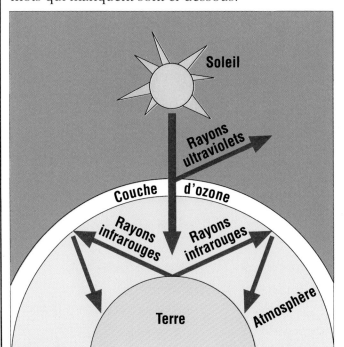

Sans effet de serre, il ferait très - - - - - sur Terre! L'effet de serre est un phénomène naturel, qui permet à la Terre d'avoir une température - - - - - de 20 degrés Celsius. Quand les rayons du - - - - - arrivent au contact de l'atmosphère, la - - - - - d'ozone bloque les rayons - - - - - . Les autres rayons entrent dans l'- - - - - et réchauffent la Terre. La Terre renvoie ensuite la chaleur, sous la forme de rayons - - - - - . Une partie de ces rayons restent prisonniers de l'atmosphère et sont renvoyés vers la - - - - : c'est l'effet de serre. Quand l'air contient trop de gaz carbonique (CO_2), trop de - - - - - sont retenus: l'effet de serre augmente, et la Terre se - - - - - .

atmosphère   infrarouges   soleil   froid

Terre   réchauffe   couche

moyenne   ultraviolets   rayons

1 Terminaisons

Trouve les bonnes terminaisons pour chaque group de mots.

Exemple

rivi-
atmosph- <u>ère</u>
mati-

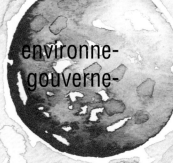

environne-
gouverne-

pol-
nuclé-
sol-

insecti-
herbi-
sui-

beau-
san-
pure-

achet-
tri-
recycl-

chim-
tox-
aquat-

destruct-
pollut-
construct-

vap-
chal-
haut-

Essaie de trouver encore un mot pour chaque groupe!

Objectif 1

Prendre la route

Ma 'mob' à moi

En France on peut conduire un deux-roues sans permis à partir de quatorze ans – mais à certaines conditions:

- Le moteur ne peut pas avoir plus de 50 centimètres cubes.
- On ne peut pas rouler à plus de 45 kilomètres/heure.
- On ne peut pas rouler sur les autoroutes.
- Et bien sûr, il faut porter un casque.

Avoir sa propre 'mob', c'est l'indépendance, la liberté! Mais attention – il y a aussi des risques. Même si on est prudent, il y en aura d'autres sur la route qui ne le seront pas.

Regarde les statistiques pour une seule année en France:

119 jeunes de 15 à 17 ans morts à cyclomoteur
7 546 jeunes blessés lors d'accidents
40% des blessures sont dues au non-port du casque
33% des accidents sont dus à une manœuvre dangereuse
25% à une infraction grave
20% à une vitesse excessive

Alors, bonne route et sois prudent!

Forme des phrases

	avoir un permis pour conduire un cyclomoteur.
	se tuer si on conduit dangereusement.
Il faut	conduire un cyclomoteur à 14 ans.
On peut	porter un casque.
Il ne faut pas	rouler avec prudence.
	rouler trop vite.
	souvent acheter une vieille mobylette pas trop chère.

A mon avis

Voici les opinions de quelques personnes sur les deux-roues. Tu es d'accord?

Je déteste les deux-roues. Je trouve qu'ils sont très dangereux. En plus, je trouve que quatorze ans est trop jeune pour les conduire.

Mme Sabatier

J'adore avoir ma propre mob. Ça me donne de l'indépendance. Avant, quand je voulais sortir quelque part, mes parents étaient toujours obligés de m'y emmener. Maintenant je suis plus libre.

Ronan

Moi aussi, à l'âge de 14 ans, j'avais une vieille mobylette. Je trouve que c'est bien. En respectant sa propre vie, l'enfant apprend à respecter celle des autres. Mais il faut une formation, soit au collège, soit en faisant un stage d'apprentissage spécial.

M Piquet

Je vois que c'est très pratique, mais je suis contre cette idée que tout le monde devrait avoir son véhicule privé. C'est ça qui pollue le monde. Je préférerais avoir un bon système de transport en commun.

Joseph

Et toi? Ecris maintenant ton propre avis.

Travail à deux

Travaille avec ton/ta partenaire et prépare un dialogue comme ça à la station-service.

Rappel

(Faites) le plein,		s'il vous plaît.
Du	super sans plomb	
Voulez-vous vérifier		l'huile? le radiateur? les pneus?

Sécurité sur la route

Utilise ce tableau pour formuler ton code de la route. Ensuite trouve le panneau qui correspond à chaque règle.

• Ne roulez pas Ne mangez pas • Ne conduisez pas • Ne doublez pas • Ne buvez pas	d'alcool si vous allez conduire. trop vite. si vous êtes fatigué. en ville. dans les virages. en conduisant.

Prudence!

Voici l'arme qui tue le plus en France

UN PETIT CLIC VAUT MIEUX QU'UN GRAND CHOC

CLIC — Ma Ceinture

RALENTISSEZ ATTENTION À NOS ENFANTS

GENDARMERIE NATIONALE
DEPARTEMENT DE LA VIENNE
CONTROLES RADARS FREQUENTS
SOYEZ PRUDENTS

Attachez Votre ceinture

A toi maintenant. Essaie d'illustrer ces slogans:

• **Auto macho – auto bobo**

• **Levez le pied – c'est l'été**

• **Au volant – la vue c'est la vie**

A propos

Il faut
Il = le seul pronom qui existe pour ce verbe.

Exemple
Il faut faire attention.
Il ne faut pas faire du feu.

On y va!

J'ai eu une excellente idée.
Je vais partir pour la journée!

On m'a dit combien ça coûte –
Je ne vais pas prendre l'autoroute.

Embouteillage à perte de vue –
Je ne prends pas la nationale non plus.

Les petites routes, ça avance mal –
Je ne prends pas la départementale.

Paris est bouché, trop de trafic –
Je ne veux pas prendre le périphérique.

Les toutes petites routes? Mais tu plaisantes!
On a de la chance si on roule à quarante!

Enfin, j'ai réfléchi à fond ...
Je vais rester à la maison.

Allô! Service dépannage?

Voici des automobilistes en panne – au safari parc!
Qui a quel problème? Relie les dessins et les textes.

A Ma batterie est à plat!

B Mes freins ne marchent pas!

C Je suis en panne d'essence.

D Ah non! Mon pneu est crevé.

E Au secours! Mon pare-brise est cassé.

Garage Martin

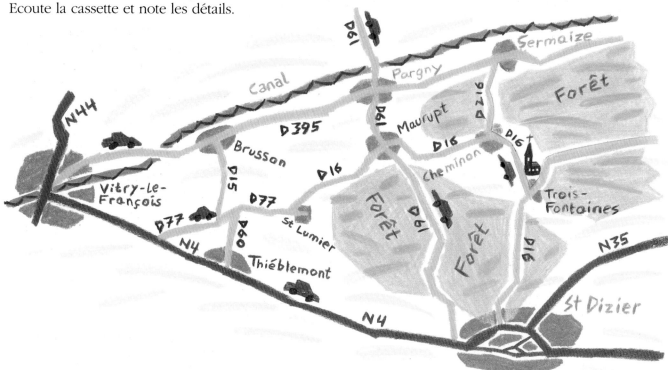

Six automobilistes sont en panne.
Les voitures sont marquées sur la carte.
Ecoute la cassette et note les détails.

Où exactement?

A toi maintenant. Travaille avec ton/ta partenaire
et téléphone au garage.

Exemple

– Allô.
– Bonjour. C'est bien le garage Martin?
– Oui.
– J'ai un problème avec ma moto. Elle ne démarre
  pas. Est-ce que vous pouvez venir m'aider?
– Oui. Vous êtes où?
– Je suis sur la départementale 16, à Cheminon.
– Qu'est-ce que vous avez comme moto?
– Ma moto … c'est une Yamaha.
– Bon, d'accord. On sera là le plus vite possible.
– Merci beaucoup. Au revoir.
– Au revoir.

Rappel

Je suis en panne (d'essence).			
Mon	pneu	est	crevé.
	pare-brise		cassé.
Ma	batterie		à plat.
Mes	freins	ne marchent pas.	

Des véhicules au gaz naturel

Un carburant pratique …

Le gaz naturel est beaucoup moins nuisible que l'essence pour l'environnement. En effet, en brûlant, il produit un tiers de moins de gaz carbonique, principal responsable de l'effet de serre. Ensuite, les gaz d'échappement d'un véhicule au gaz naturel sont incolores et inodores. On est loin des nuages noirs de certains véhicules! Autre avantage, le gaz naturel coûte moins cher que l'essence: au Canada on paie 42 cents le litre de gaz; on paie 63 cents le litre d'essence.

Certaines stations-service ont des pompes au gaz naturel.

… mais peu répandu

En 1991, il y avait 28 000 véhicules au gaz naturel au Canada, dont 5 000 au Québec. Beaucoup d'autobus scolaires marchent au gaz naturel, mais aussi des autobus de ville, des taxis et quelques voitures privées.

Où peut-on faire le plein quand sa voiture fonctionne au gaz naturel? Au Québec, il y a 19 stations-service où les véhicules au gaz peuvent se ravitailler. C'est encore peu. Le nombre de ces stations-service augmentera lorsque plus de véhicules rouleront au gaz naturel. Les compagnies d'autobus possèdent leurs stations-service personnelles et font leur plein au garage même.

L'avenir

Le gaz naturel est-il le carburant de l'avenir? Ça dépend en partie du prix du pétrole. Plus le pétrole sera cher, plus le gaz naturel sera populaire.

Mais c'est probablement le souci de l'environnement qui rendra le gaz naturel vraiment populaire. D'ailleurs les gros constructeurs d'automobiles l'ont compris: par exemple General Motors ont fabriqué, en 1993, 1 000 véhicules au gaz naturel, pour en tester le potentiel.

Le gaz naturel qui alimente ce camion est dans ce gros réservoir.

Le gaz naturel n'est pas encore très bien connu. On a demandé a quelques personnes ce qu'ils en savaient. Est-ce qu'ils ont raison?

c Ça ne produit pas de gaz d'échappement.

d C'est plus cher que l'essence.

a C'est mieux pour l'environnement.

b Il y a très peu de stations-service qui ont des pompes au gaz naturel.

g C'est plus facile pour une compagnie d'autobus, par exemple, parce qu'elle peut avoir ses propres pompes.

e Je crois qu'il y a certains autobus qui fonctionnent au gaz.

f C'est bien parce que ça ne noircit pas les bâtiments.

h Les gros constructeurs de voitures ne seront jamais intéressés par la construction de véhicules comme ça.

Invente toi-même un poster ou un dépliant pour faire de la publicité pour le gaz naturel!

Ben non. Où c'est?

Je connais un endroit vraiment super pour ce barbecue – le vieux fort. Tu le connais?

Ronan et Océane discutent ensemble

C'est de l'autre côté de la baie, pas loin de Trevignon. Je te le montrerai si tu veux. Viens.

Quoi, maintenant?

Mais où vas-tu? Trevignon n'est pas par là!

C'est un raccourci. Tu verras!

Ah mince! J'ai calé. Tu peux descendre un moment?

D'accord.

Mais qu'est-ce qu'il y a?

Je ne sais pas. Ça ne démarre pas.

Ah super. Et nous voici en pleine campagne! Si seulement on avait pris la départementale …

Le lendemain en ville

Objectif 2

Dire ce qu'il faut et ne faut pas faire

Interdit

Ces panneaux viennent de partout dans le monde francophone. Lis-les, puis regarde les dessins ci-dessous. Chaque dessin montre quelque chose qui est interdit. Relie les panneaux et les dessins.

1 DANGER ACCES AUX ROCHERS INTERDIT

2 RAMASSAGE CHAMPIGNONS INTERDIT PROPRIETE PRIVEE

3 OPÉRATION DÉNEIGEMENT — DANS TOUTES LES RUES DE LA VILLE DU 15 NOV. AU 15 AVRIL ENTRE MINUIT ET 6:00 HEURES

4 DÉFENSE D'AFFICHER

5 POUR L'HYGIENE DE TOUS IL EST INTERDIT DE MANGER DE BOIRE DE FUMER DE COURIR SUR LES PLAGES MERCI

6 PROTECTION DE LA NATURE ZONE INTERDITE A TOUS VÉHICULES SAUF RIVERAINS ET PROTECTION CIVILE

7 INTERDICTION DE FAIRE DU FEU

8 COMMUNE de St-Gervais Circulation interdite de 9h à 17h JUILLET-AOUT L'itinéraire est réservé aux promeneurs et à ceux qui circulent pour leur travail. PRUDENCE et VITESSE réduite

A

B

C Café

D

E

F

G

H

I

9 interdit aux animaux — défense de fumer

10 PROTEGEONS NOS PARCS ET RESPECTONS LEUR TRANQUILLITE

IL EST INTERDIT:
- D'endommager les plantations et le mobilier.
- D'apposer des affiches ou des prospectus.
- de pratiquer des activités bruyantes et dangereuses.
- De circuler en voiture ou à bicyclette.
- de jeter des détritus.
- De laisser divaguer les chiens hors des espaces qui leur sont réservés.

EXTRAIT DU REGLEMENT DE POLICE DES PARCS, JARDINS ET SQUARES

11 VILLE de MARSEILLE BAIGNADE SURVEILLÉE

DIRECTION DE L'ECOLOGIE ET DES ESPACES VERTS

Ce site est placé sous la sauvegarde du public et réservé aux piétons

DANS L'INTERET GENERAL IL EST INTERDIT

- De jouer au ballon
- D'utiliser un appareil bruyant
- D'entrer avec un animal

Pour la propreté du site utiliser les corbeilles à papiers

12 PÊCHE INTERDITE

13 SPORTS NAUTIQUES ET BAIGNADES INTERDITS (Arrêté municipal du 11·7·70) Papeteries Matussière et Forest

14 ENTRÉE DE VÉHICULES STATIONNEMENT INTERDIT

15 CAMPING CARAVANING ET FEUX INTERDITS TENIR LES CHIENS EN LAISSE — Office National des Forêts

16 Pique-nique interdit

17 IL EST MAINTENANT INTERDIT D'ENTRER SA BOISSON — BOISSON À PRIX POPULAIRE

18 Départ des Pistes — DEFENSE DE MARCHER SUR LES PISTES — RESPECTEZ LE SENS DES PISTES — PAS DE CHIENS NO DOGS

Rappel

Il	ne faut pas			faire du feu.
	est	interdit défendu	de	

Règlements de la chambre

Invente des panneaux pour mettre sur la porte de ta chambre.
Voici quelques exemples:

Les jeunes et la loi

Recopie les phrases sous les bonnes catégories:

Education	Consommation	Famille	Transport

1 Les tout-petits ont le droit d'aller à l'école maternelle à partir de deux ans et demi.

2 On peut fumer à n'importe quel âge.

3 On a le droit d'aller dans les cafés à n'importe quel âge.

4 Il faut avoir dix-huit ans pour boire de l'alcool dans un endroit public.

5 On a le droit d'aller au collège à partir de onze ans.

6 Dès quatorze ans, on peut conduire un cyclomoteur sans permis.

7 On a le droit d'aller à l'école primaire à partir de l'âge de six ans.

8 On a le droit de passer son permis pour conduire une voiture à partir de dix-huit ans.

9 On a le droit de voter à partir de dix-huit ans.

10 On a le droit de se marier à partir de seize ans si les parents sont d'accord.

11 Si les parents sont divorcés ou séparés, on a le droit de dire chez qui on veut habiter à partir de 12 ans.

12 On peut quitter l'école à seize ans.

C'est comme ça dans ton pays? Que penses-tu de la loi française? Echange tes opinions avec ton/ta partenaire.

Exemple

A – J'aimerais bien conduire un cyclomoteur dès quatorze ans. C'est bien! Qu'en penses-tu?

B – A mon avis c'est extra. J'aimerais venir au collège en mobylette … On peut fumer en France à n'importe quel âge. C'est idiot! Qu'en penses-tu?

Sers-toi de ces expressions si tu veux.

C'est	idiot chouette très bien dangereux raisonnable ridicule
Ce n'est pas juste!	

Rappel

On	a le droit de peut	voter à partir de dix-huit ans. quitter l'école à seize ans. fumer à n'importe quel âge.

Station service

Asking for services at a service station

Faites le plein,	s'il vous plaît.	Fill it up, please.
Du	super.	4 star.
	sans plomb.	Lead-free.
Voulez-vous vérifier	l'huile?	Would you check the oil?
	les pneus?	Would you check the tyres?

Talking about faults and car breakdowns

Je suis	en panne.	I've broken down.
	en panne d'essence.	I've run out of petrol.
Mon	pneu est crevé.	I've got a flat tyre.
	pare-brise est cassé.	My windscreen is broken.
Ma	batterie est à plat.	I've got a flat battery.
Mes	freins ne marchent pas.	My brakes don't work.
Qu'est-ce que c'est	comme voiture?	What sort of car is it?

Understanding things you are not allowed to do

Ne	roulez pas trop vite.	Don't drive too fast.
	conduisez pas si vous êtes fatigué.	Don't drive if you're tired.
Il ne faut pas	doubler dans les virages.	You mustn't overtake on bends.
	boire d'alcool si vous allez conduire.	You mustn't drink alcohol if you are going to drive.
Il est interdit de	faire du feu.	It's forbidden to light fires.
Il est défendu de	tourner à droite.	It's forbidden to turn right.

138

139

Talking about rights and expressing your opinion

On a le droit de	voter à partir de dix-huit ans.	You have the right to vote at 18.
On peut	quitter l'école à seize ans.	You can leave school at 16.
	fumer à n'importe quel âge.	You can smoke at any age.
C'est	chouette!	It's great!
	ridicule!	It's ridiculous!
Ce n'est pas	juste!	It's not fair!

1 Au secours!

Recopie le texte en remplaçant les dessins par les mots ci-dessous.

pneu crevé   panne   plage   garage   mer
mécanicien   pique-nique   beau   bus   pare-brise

Samedi dernier on allait partir à la ⬚ . En route on a fait un

⬚ . Après, papa a vu qu'on avait un ⬚ .

On l'a changé et on est repartis. Peu après, une pierre a cassé le ⬚ .

Mais il faisait ⬚ , alors on a continué. Dix minutes plus tard, la

voiture est tombée en ⬚ . On a téléphoné au

⬚ . Le ⬚ est venu, mais il ne pouvait rien faire.

On a pris donc le ⬚ . Et on a passé un bel après-midi sur la

⬚ malgré tout!

2 Défendu

Regarde bien les panneaux et écris ce qui est défendu à chaque fois.

Commence par: *Il est défendu de …* ou *Il ne faut pas …*

chasser   faire de la moto   faire du vélo
entrer avec des chiens   tourner à gauche   faire du feu
faire du camping

1 Les routes qui riment

Recopie ce poème et choisis la bonne route pour que les vers du poème riment.

On prend la Nationale _____

Pour aller voir ma sœur Sylvette.

Et la Départementale _____

Pour passer le week-end chez ma tante.

Mon oncle habite près de Marseille,

Au bout de l'_____.

Pépé préfère les routes touristiques

Et pour éviter Paris, _____.

Et, toi, si tu veux venir chez moi,

Il vaut mieux prendre la Nationale _____.

Comment? Tu veux savoir pourquoi?

Ben! C'est une route à _____!

Vrai ou faux?

1 La limitation de vitesse en agglomération en Suisse est de cinquante kilomètres à l'heure.

2 Sur les routes ordinaires en France, on peut rouler à quatre-vingt-dix.

3 La limitation de vitesse sur les autoroutes est la même en France qu'en Suisse.

4 Dans les villes en France, il ne faut pas rouler à plus de soixante.

5 Toutes les limitations de vitesse sont plus grandes en France qu'en Suisse.

C'est interdit

Recopie ces phrases et remplis les blancs.

1 Il ne faut pas _____ sur l'herbe.

2 Il ne faut pas _____ les papiers par terre.

3 Il ne faut pas _____ aux arbres.

4 Il ne faut pas _____ au foot contre le mur.

5 Il ne faut pas _____ anglais pendant les cours de français!

marcher *parler* *jeter* *jouer* *grimper*

1 L'autoroute

Recopie ce texte et remplis les blancs
avec les mots ci-dessous.

En général, toutes les autoroutes en France sont
_____. Quand on va sur l'autoroute on
prend un _____ au _____. Sur le ticket
il y a la _____, l'_____ et l'_____
où on est. En quittant l'_____, on paie selon
la _____ que l'on a parcourue.

date   ticket   autoroute   heure
endroit   distance   payantes   guichet

Ça veut dire quoi?

Relie les slogans et les explications.

1 Un petit clic vaut mieux qu'un grand choc.

2 Auto macho – auto bobo.

3 Levez le pied. C'est l'été.

4 Qu'est-ce que tu prends? Moi? Le volant.

5 Voici l'arme qui tue le plus en France.

A Il est très important de ne pas boire
d'alcool si on va conduire.

B Il est obligatoire de mettre la ceinture en
voiture pour éviter les blessures graves.

C Beaucoup de Français meurent dans des
accidents de route.

D Il ne faut pas rouler vite en vacances.

E Si on est très agressif au volant, on risque
d'avoir un accident de voiture.

2 Une vie de chien!

Pour un chien, il y a beaucoup de choses qui sont interdites.
Ecris une phrase pour décrire chaque dessin.

Exemple

    Il est interdit de poursuivre les chats.
ou Il est défendu de poursuivre les chats.
ou Il ne faut pas poursuivre les chats.

Objectif 1 — On décide où aller en vacances

On va où alors?

A

Mme Barbier

Je pense que c'est une bonne idée d'aller à l'hôtel. Comme ça, on n'a pas besoin de faire les lits ni la cuisine.

Le camping, ça c'est vraiment les meilleures vacances. On rencontre des gens de tous les pays et on se fait des amis. Et normalement les campings ont des équipements vraiment très bien.

B

Marion

C'est super les auberges de jeunesse! Ce n'est pas cher du tout. Souvent on peut aller à pied ou à vélo d'une auberge de jeunesse à l'autre.

C

Bruno

Moi, j'aime bien la colo. D'abord on est avec les copains. On est libre et on peut faire ce que l'on veut. On peut aussi faire des stages… de poney ou d'informatique, par exemple. Les moniteurs ne sont pas très stricts.

F

Patricia

Je préfère les vacances à l'étranger. J'aime prendre l'avion. Ce n'est pas trop cher quand c'est tout organisé – vol et hôtel. Et on part en groupe, alors c'est drôle.

D

C'est très bien les gîtes. Ce n'est pas comme le camping… c'est confortable. Il y a des gîtes partout en France à la campagne, dans les villages et quelquefois dans les petites villes. On peut rencontrer les gens du village ou de la région.

M. Boissel

E

Chantal

Qui a dit ça?

- ▲ Je ne veux pas faire le ménage en vacances.
- ◖ J'aime faire la connaissance de gens de pays différents.
- ◀ J'aime les vacances organisées.
- ▶ J'aime beaucoup faire des randonnées à pied ou à vélo.
- ◣ J'aime rencontrer les gens du coin.
- ◥ J'aime être avec beaucoup de gens de mon âge.

Et toi?

Qu'est-ce que tu préfères comme vacances? Pourquoi? Fais des dialogues. Sers-toi des phrases à côté, si tu veux.

Exemple

A – Moi, j'aime bien l'hôtel. C'est confortable et on n'a pas besoin de faire le ménage. Et toi?

B – Non, je préfère les auberges de jeunesse. C'est super. On est libre. On peut faire ce que l'on veut.

A – On peut faire ce que l'on veut à l'hôtel aussi.

B – D'accord, mais les auberges … c'est moins cher.

Rappel

J'aime bien Je préfère	les auberges de jeunesse. aller à l'hôtel.
On peut	rencontrer les gens de la région. faire ce que l'on veut.

Ce qui est bien

Formule dix phrases sur les vacances.

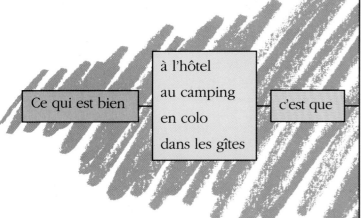

Ce qui est bien	à l'hôtel / au camping / en colo / dans les gîtes	c'est que	

c'est confortable.

l'on n'est pas obligé de faire le ménage.

l'on peut faire beaucoup d'activités.

l'on peut manger quand et comme on veut.

ce n'est pas cher.

l'on est tout le temps dehors.

l'on est libre de faire ce que l'on veut.

l'on peut être tranquille.

l'on peut regarder la télé le soir.

l'on peut rencontrer beaucoup de jeunes de toutes nationalités.

l'on a sa propre chambre.

l'on peut se coucher et se lever quand on veut.

Qu'est-ce que tu préfères? Dis à ton/ta partenaire ce que tu penses. Est-ce qu'il/elle peut deviner tes vacances préférées?

Exemple

A – Ce que j'aime bien, c'est que c'est confortable et l'on peut regarder la télé le soir.

B – Tu as choisi un gîte ou bien un hôtel.

A – Oui, un gîte. A toi maintenant.

Un choix de campings

Ces gens cherchent un camping. Regarde bien les informations sur ces quatre campings. Est-ce qu'il y a un camping qui correspond à ce qu'ils veulent?

M. El Hasadi

Moi, je veux un grand camping avec tous les équipements. Un camping un peu luxueux. Près du centre-ville … comme ça c'est assez facile d'aller faire les courses. Il faut aussi avoir la possibilité de faire beaucoup d'activités tout près.

On cherche un petit camping isolé. Peut-être dans une ferme. Seulement un peu de place dans un champ. On n'a pas besoin de beaucoup d'équipements. On aime le calme et avec moins de monde il y a moins de bruit. S'il y avait la possibilité de louer des vélos, ça serait idéal. On aime faire des randonnées à vélo.

Mme Meunier

On veut un petit camping qui soit près des magasins et près d'un restaurant. On a une caravane, donc, il nous faut un emplacement avec un branchement électrique. Ce qui est important aussi, c'est quelque chose pour les enfants – le ping-pong, par exemple. On adore le camping mais on aime aussi un peu de confort. Il nous faut absolument des douches chaudes!

M. Léon

On cherche un camping à la montagne où on peut pêcher et nager. On n'a pas besoin de grand luxe. Ça nous suffit s'il y a des toilettes et une douche. Pour nos enfants il ne faut qu'une balançoire et un bac à sable.

Mme Andrieu

A

La Boucherie

Le camping se trouve en pleine campagne à proximité d'un étang. 7 emplacements sur une prairie mi-ombragée. Grand calme.

Sur place: vente de produits à la ferme, pêche, ping-pong, bicyclettes, jeux pour enfants, tennis, baignade.

6 km commerces.

B

Les Pourcelles

Le camping se situe à l'entrée du village. 25 emplacements sous bois.

2 WC – 1 douche eau froide – 3 bacs à laver – 3 bacs à laver la vaisselle – 8 branchements électriques pour les caravanes – balançoire – bac à sable pour enfants – grill – barbecue – 3 réfrigérateurs – salle de jeux avec ping-pong – jeux de boules sur le camping – restaurant à 500 m – planche à voile à 5 km – tennis à 15 km – rivière proche.

C

Le Ronlard

Altitude 1800 m. Le camping se trouve dans un parc régional au bord d'un ruisseau. 25 emplacements équipés d'un éclairage de nuit – 2 lavabos – 2 WC – 3 douches chaudes – prises électriques pour caravanes – 3 réfrigérateurs – 1 congélateur.

Sur place: pêche, baignade, balançoires, bac à sable.

Voile à 10 km – tennis à 15 km – équitation à 10 km.

D

Airotel de l'Océan

5 étoiles – camping de grand luxe. Le camping est situé à 800 m du centre-ville au bord de l'Océan Atlantique. 90 emplacements sous bois. Branchements électriques pour caravanes. Magasins, restaurant et piscine sur place. 5 blocs sanitaires avec douches chaudes, machines à laver. Activités organisées sur place par nos moniteurs. Sports aquatiques. Grands spectacles tous les week-ends de l'été.

Rappel

On cherche	un petit camping calme.
On veut	un grand camping.
Il nous faut	des douches chaudes.
	un camping bien équipé.
On n'a pas besoin de	beaucoup d'équipements.

En colo

Beaucoup de villes en France organisent des colonies de vacances pour les jeunes. En grande partie, c'est la commune qui finance les centres. C'est pourquoi ça ne revient pas trop cher aux parents d'envoyer leurs enfants en colonie. Il y a aussi des associations spécialisées qui organisent des vacances pour jeunes. En général un stage dure deux ou trois semaines. Il y a des moniteurs et monitrices (on les appelle les 'monos') qui organisent toutes les activités.

Ce centre de vacances se trouve dans le sud-ouest de la France. Il est juste au bord d'une rivière et il peut accueillir quatre-vingts jeunes entre 14 et 15 ans. On dort sous la tente. Il y a aussi une grande tente où tout le monde mange ensemble. Il y a même une tente spéciale 'bibliothèque' avec des livres, pour les moments où on a envie d'être tranquille. Et puis il y a la base permanente avec le bureau, la cuisine et les douches.

Dans ce centre on fait deux activités par jour: une le matin et une autre vers quatre heures l'après-midi, avec du temps libre après le déjeuner où on peut se reposer ou aller en ville si on veut. Comme activités on fait du canoë-kayak, du foot, de l'escalade, du ping-pong, du volleyball et des randonnées.

Travaille avec un(e) partenaire pour préparer un entretien sur les centres de vacances et sur ce centre en particulier.

Exemple

A – En général les stages durent combien de temps?

B – Deux ou trois semaines.

A – Qui organise les activités?

B – …

Descente des gorges en canoë-kayak

Pique-nique à l'arrivée

Quel hôtel?

Lis les informations sur ces six hôtels et dresse deux listes pour montrer les avantages et les inconvénients de chacun.

Attention – c'est une question d'opinion! C'est à toi de décider!

 Ecoute la famille Lalonde qui discute ces hôtels. On les discute dans quel ordre?

AGNEAUX
*** HOTEL CHATEAU D'AGNEAUX – Relais du Silence – Château Hôtel. 12 ch. 350/770 F – Petit déj. 40/47 F – Menu 170 F + carte – 1/2 P. 190 F + prix de la ch. – Ouvert T.A. – Rest. 55 couverts – Parking – Garage – Tennis – Jardin – Vue sur rivière – Tél. et Tv ds les ch. – Animaux admis – Sauna – H.

AGON-COUTAINVILLE
*** HOTEL NEPTUNE – Promenoir Jersey. 11 ch. 320/375 F – Petit déj. 38 F – Sans restaurant – Ouvert du 22/03 à octobre – Parking public – H – Tél. ds les ch. – Vue sur mer – Chiens admis – Change.

AVRANCHES
*** LES ABRINCATES – 37, bd du Luxembourg – Inter-Hôtel. 29 ch. 240/300 F – Petit déj. 25/27 F – Menus 75/120 F + carte – P. 300 F – 1/2 P. 235 F – Ouvert du 10/01 au 15/12 – Fermé le dim. H.S. – Restaurant 60 couverts – Parking – Ascenseur – Tél. et Tv ds les ch. – H – Animaux refusés – Change.

AVRANCHES
*** HOTEL PATTON – 93, rue de la Constitution Place Patton. 26 ch. 220/250 F – Sans rest. – Fermé en février – Parking – Ascenseur – Tél. et Tv ds les ch. – Animaux admis.

BREHAL
*** HOTEL DE LA GARE – 1, place Commandant-Godart – Logis de France. 9 ch. 240 F – Petit déj. 28 F – Menus 56/176 F + carte – P. 275/355 F 1/2 P. 210/290 F – Ouvert du 1/02 au 18/12 – Fermé dim. soir et lundi H.S. – Restaurant 30 couverts – Parking – Garage – Jardin – Tél. et Tv ds les ch. – Animaux admis.

CHERBOURG
*** HOTEL MERCURE – Gare Maritime. 84 ch. 260/540 F – Petit déj. 42 F – Menus 98/120 F + carte – Ouvert T.A. – Rest. 65 couverts – Parking – Vue sur port et mer – Ascenseur – Tél. et Tv ds les ch. – Animaux admis.

On voudrait réserver

Ecris toi–même une lettre de réservation en changeant les détails en bleu.

> Hôtel mercure
> Gare maritime
> Cherbourg
>
> Angers, le 10 mars
>
> Monsieur,
> Je vous écris pour confirmer ma réservation téléphonique du 7 mars. C'était au nom de Lalonde, pour la période du 1 au 14 août. Je voudrais une chambre avec salle de bains et un grand lit et une chambre à côté avec deux lits.
> Veuillez agréer, monsieur, l'expression de mes sentiments distingués.
> D. Lalonde

A l'auberge de jeunesse

AUBERGE
DE LA
JEUNESSE

YOUTH HOSTEL   JUGENDHERBERGE

LIGUE FRANCAISE POUR LES AUBERGES DE LA JEUNESSE

FJ

Objectif 2

On visite une auberge de jeunesse et un camping

Voilà la ville. Regarde là-bas .... sur la colline.

Ah oui. C'est joli.

Bonjour. Vous signez là et moi, je vais vérifier vos cartes. Vous restez combien de temps?

Deux nuits.

rue du boulanger

boulangerie

Antiquités

MAIRIE s.i.

Resto du Port

Auberge de la Jeunesse

Salle des Fêtes

Ça y est enfin! Voilà l'entrée.

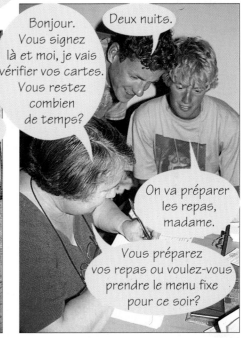

On va préparer les repas, madame.

Vous préparez vos repas ou voulez-vous prendre le menu fixe pour ce soir?

Regarde le panneau ... c'est par là l'auberge de jeunesse.

Tant mieux! Ouf! Je suis fatigué!

C'est bien comme auberge. On laisse les sacs au dortoir?

Bonne idée.

Oui, puis on va faire un tour?

Mmm, ça sent bon, l'omelette.

Ah oui. Qu'est-ce que j'ai faim!

Au Chalet Beaumont

Le Chalet Beaumont est une auberge de jeunesse
au Québec. Voici la liste des règles.

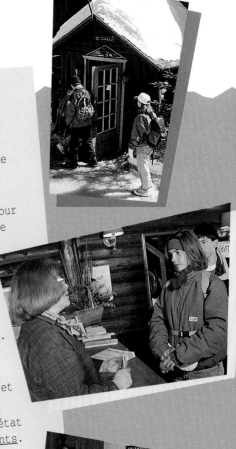

1) **Heures d'arrivée et de départ:**
   - L'arrivée au Chalet se fait à partir de 18h.
   - Le départ du Chalet se fait au plus tard à 16h.
   P.S. Lorsque l'occupation n'est pas à son maximum il est possible de
   prolonger votre séjour pour la soirée avec un supplément. Veuillez
   voir les aubergistes à l'avance.

2) **Enregistrement:** A votre arrivée vous devez passer à la réception pour
   vous faire enregistrer et payer votre séjour. Vous pouvez avoir une
   clef de chambre avec un dépôt de $2.00.

3) **Chaussures et bottes:** Il est interdit de se déplacer dans le chalet
   en bottes ou en chaussures (même les chaussures de ski sèches).

4) **Vaisselle:** Chacun est responsable de sa vaisselle, qui doit être
   lavée, essuyée et rangée de suite après les repas.

5) **Couvre-feu:** Nous exigeons le silence complet dans le Chalet après 23h.
   Les enfants au dessous de 14 ans seront silencieux dans leur
   chambre à 21h.

6) **Sécurité:** Il est strictement défendu de fumer dans les chambres et
   dans les passages allant aux chambres.

7) **Cuisine:** Chacun doit s'efforcer de la maintenir constamment en état
   de propreté. L'utilisation du poêle à gaz est interdit aux enfants.
   (Les parents sont responsables.)

8) **Les repas:** Ils doivent se prendre uniquement dans une des deux
   salles à manger ou dans la véranda par temps doux.

9) **Visites:** Sauf exception consentie à l'avance par l'aubergiste,
   les résidents du Chalet ne peuvent pas recevoir de visites pour
   un repas ou une soirée.

10) **Equipements sportifs:** Skis, raquettes, bicyclettes etc. doivent
    toujours entrer et sortir par la porte du sous-sol.

11) **Musique:** Les postes de radio et T.V. ne sont pas tolérés dans
    tout le Chalet. On peut apporter des "walkman" ou des petits
    instruments (guitares, flûtes etc).

12) **Animaux domestiques:** Aucun animal accepté dans le bâtiment.

C'est vrai ou faux?

1 On n'a pas le droit de porter les chaussures à l'intérieur.
2 Il n'est pas permis de parler le soir après vingt-deux heures.
3 Il est interdit de fumer dans les chambres et dans les couloirs.
4 Un jeune n'a pas le droit d'utiliser le poêle à gaz.
5 On ne peut pas manger dans le dortoir.
6 Il est interdit d'utiliser les walkmans dans le chalet.
7 On ne peut pas jouer de la guitare dans le chalet.
8 Il est interdit d'amener un animal.
9 On ne peut pas préparer à manger dans la cuisine.
10 Il faut laver, essuyer et ranger sa propre vaisselle.

Week-end à l'auberge de jeunesse

Deux se-maines en Mar-ti-nique_ Une se-maine_ en Grèce Mais le meill-eur ét-ait

le week-end_ à l'au-berge de _____ jeun-nesse Ce

-n'ét-ait pas_ le ran-donn-eur_ Qui par-tait seul_ cueill-ir des_ fleurs_

2
Ce n'était pas les deux Anglais
Qui sont arrivés tout crevés
Ce n'était pas le randonneur
Qui partait seul cueillir des fleurs

Deux semaines......

3
Ce n'était pas les trois cyclistes
Qui ont embêté l'aubergiste
Ce n'était pas les deux Anglais
Qui sont arrivés tout crevés
Ce n'était pas le randonneur
Qui partait seul cueillir des fleurs

Deux semaines......

4
Ce n'était pas les quatre scouts
Que j'ai battus au babyfoot
Ce n'était pas les trois cyclistes
Qui ont embêté l'aubergiste
Ce n'était pas les deux Anglais
Qui sont arrivés tout crevés
Ce n'était pas le randonneur
Qui partait seul cueillir des fleurs

Deux semaines......

5
Ce n'était pas les cinq enfants
Qui se disputaient tout le temps
Ce n'était pas les quatre scouts
Que j'ai battus au babyfoot
Ce n'était pas les trois cyclistes
Qui ont embêté l'aubergiste
Ce n'était pas les deux Anglais
Qui sont arrivés tout crevés
Ce n'était pas le randonneur
Qui partait seul cueillir des fleurs

Deux semaines......

6
Et si tu veux savoir pourquoi -
Tant pis, c'est mon secret à moi!

Deux semaines......

A propos

Certains verbes sont suivis directement par l'infinitif:

J'aime rencontrer beaucoup de gens.

On peut faire ce que l'on veut.

Si tu veux savoir pourquoi …

Vous devez passer à la réception.

D'autres verbes et certaines expressions sont suivis par 'de' + l'infinitif:

Il est interdit de fumer.

Il n'est pas permis de faire du bruit.

Il est possible de louer des vélos.

On n'est pas obligé de faire le ménage.

Au camping

 Comment est-ce qu'on s'inscrit au camping?

Ecoute la cassette et suis le texte.

– Bonjour monsieur. Vous avez de la place?

– Oui, oui. Nous avons plein de place encore. Vous êtes combien?

– Nous sommes deux. C'est combien?

– Pour deux personnes, c'est quarante-quatre francs. Vous comptez rester combien de temps?

– Deux nuits … peut-être trois.

– Vous avez une tente?

– Une tente et une voiture

– Vous voulez l'électricité?

– Non, merci. Nous avons aussi un chien. Il y a un supplément pour le chien?

– Oui, le supplément, c'est six francs.

– Par nuit?

– Oui, par nuit … les prix sont tous par nuit.

– Et, c'est où l'emplacement exactement?

– Voilà, il faut prendre la première allée en face Traversez le camping. Ensuite tournez à droite et vous arriverez dans le coin où est le bloc sanitaire. C'est juste à côté

– Merci.

Maintenant fais des dialogues comme ça avec ton/ta partenaire. Tu peux changer les détails en bleu. Voici quelques situations pour commencer:

Camping Bel Air

Plan du camping

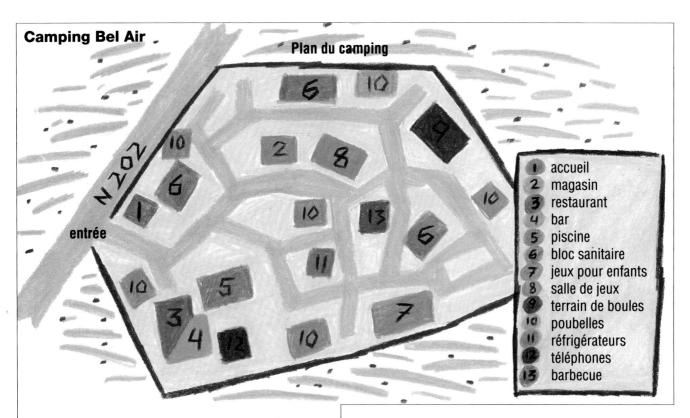

N202

entrée

1	accueil
2	magasin
3	restaurant
4	bar
5	piscine
6	bloc sanitaire
7	jeux pour enfants
8	salle de jeux
9	terrain de boules
10	poubelles
11	réfrigérateurs
12	téléphones
13	barbecue

Travaille avec ton/ta partenaire et demande où se trouvent ces endroits.

Exemple

A – C'est où la piscine?
B – C'est en face du restaurant.

en face de
à côté de
près de
devant
derrière
non loin de

Où sont-ils au camping?

Ecoute la cassette et regarde les dessins.
Où sont-ils?

Exemple 1A

A

B

C

D

E

F

Campeurs

 Lis ce poème en écoutant la cassette.

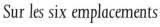

En pleine campagne
Dans une prairie
Six tentes installées
Pas un seul bruit

A six heures pile
Les premiers mouvements
Les gens se réveillent
Sur les six emplacements

On allume le gaz
On met la table
Déjà les enfants
Jouent dans le sable

On a tous faim
On dit que c'est l'air
Il fait beau temps
Qu'est-ce qu'on va faire?

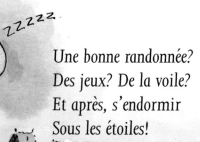

Une bonne randonnée?
Des jeux? De la voile?
Et après, s'endormir
Sous les étoiles!

L'hôtel hanté

On est arrivés assez tard, sans avoir réservé. L'hôtel était magnifique: un vieux château isolé au milieu d'une forêt.

«Vous avez de la place?» a demandé mon père.

«Pour combien de personnes?» a dit le patron.

«Quatre. Deux adultes et deux enfants.»

«Alors là, c'est difficile. On est presque complet. Il nous reste une chambre avec trois lits et salle de bains. A part ça il n'y a que la petite chambre dans la tour. Mais c'est de l'autre côté de l'hôtel.»

Mon père m'a regardée.

«Ça ne te gêne pas, Sandrine, de dormir toute seule?»

J'ai dit qu'au contraire, j'aimerais bien dormir dans la tour.

Le soir, on a mangé dans le restaurant de l'hôtel. Il y avait des bougies sur la table. Tout autour il y avait de vieux et sombres portraits d'anciens propriétaires du château, qui nous regardaient. J'ai tremblé un peu en pensant à la tour où j'allais dormir toute seule.

Une fois dans la petite chambre ronde de la tour, j'ai fermé la porte à clé.

Je me suis dit: «C'est ridicule d'avoir peur», et j'ai essayé de penser à autre chose. J'ai mis mon pyjama puis, avant de me coucher, j'ai regardé par la fenêtre. Il y avait une vue superbe. C'était la pleine lune et je voyais tout le jardin et, derrière, la forêt.

Soudain, j'ai remarqué quelqu'un. C'était une vieille femme au visage pâle, habillée tout en noir. Elle traversait silencieusement le jardin de droite à gauche. Un fantôme! J'ai frissonné d'horreur. Et j'ai laissé la lampe de ma chambre allumée toute la nuit.

«Tu as bien dormi?» m'a demandé ma mère au petit déjeuner.

«Pas mal», ai-je répondu. Je ne voulais pas que toute la famille se moque de moi.

Après le petit déjeuner je suis sortie dans le jardin, là où j'avais vu la vieille femme. J'ai parlé à un garçon qui grimpait dans un arbre.

Je lui ai demandé: «Tu habites ici?»

Il a répondu: «Oui, et je m'appelle Christian.»

«Dis-moi», ai-je continué, «est-ce que le château est hanté?»

«Pourquoi? Tu as vu quelque chose?» a demandé le garçon au-dessus de moi.

«Oui. Hier soir j'ai vu une vieille femme habillée tout en noir qui se promenait au clair de lune ici dans le jardin.»

Le garçon a ri, assis en l'air sur sa branche.

«Ça n'était pas un fantôme», a-t-il dit. «La femme que tu as vue, c'était Mme Champêtre, la vieille tante du patron. Elle aime se promener tard dans le jardin, quand tous les clients sont au lit.»

Que je me sentais bête! Je suis rentrée dans l'hôtel pour chercher mes affaires. Dans la lumière du jour la petite chambre ronde dans la tour n'avait rien d'effrayant. Comme mes parents n'étaient pas encore prêts à partir, je suis sortie de nouveau dans le jardin. Et voilà que tout au fond, j'ai vu la vieille femme qui cueillait des fleurs. Je me suis approchée d'elle.

«Bonjour, Madame Champêtre», ai-je dit. «Je vous ai vue hier soir dans le jardin.»

«Bonjour, jeune fille», a-t-elle répondu. «Et comment sais-tu mon nom?»

«C'est le petit Christian qui me l'a dit», ai-je expliqué.

«Ah oui», a-t-elle répondu, «tu as vu le petit Christian. Celui qui s'est tué, le pauvre, il y a longtemps, en tombant d'un arbre.»

Station service

Talking about facilities

| Ce qui est bien à l'hôtel, | c'est que c'est confortable. |
| | c'est qu'on n'est pas obligé de faire le ménage. |

What's good about hotels is that they're comfortable.
What's good about hotels is that you don't have to do any housework.

135

Saying what is forbidden and what you must do

On ne peut pas	manger dans les dortoirs.
Il est interdit de	fumer dans les dortoirs.
Il n'est pas permis de	jouer de la guitare dans le chalet.

You cannot eat in the dormitories.
It is forbidden to smoke in the dormitories.
You are not allowed to play the guitar in the chalet.

139

| On n'a pas le droit de | porter des chaussures à l'intérieur. |
| Il faut | laver et ranger sa vaisselle. |

You may not wear shoes inside the building.
You must wash and put away your own crockery.

Booking in at campsites and youth hostels

| Vous avez de la place | pour trois personnes? |
| | pour deux nuits? |

Have you got any spaces left for three people?
Have you got any spaces for two nights?

On a	une caravane.
	une tente.
	un chien.

We've got a caravan.
We've got a tent.
We've got a dog.

| Il y a | un supplément? |

Is there a surcharge to pay?

| C'est où, | l'emplacement? |

Where's our pitch?

Saying where places are on a campsite

C'est	près du bloc sanitaire.
	en face de la piscine.
	à côté du magasin.
	devant le restaurant.
	non loin de la salle de jeux.

It's near the wash block.
It's opposite the swimming pool.
It's next to the shop.
It's in front of the restaurant.
It's not far from the games room.

143, 144

1 Vacances sur la Côte Atlantique

Regarde la publicité. Quel hôtel ou quel camping sera le meilleur pour ces personnes?

Camping   Caravaning
Les Flots ★★

CAMP OMBRAGÉ – PISCINE – PLAGE A 50 m.
BAR – ALIMENTATION
Emplacements délimités par arbres - Cabines individuelles
Eau chaude à volonté

René SOURBIER – LA PERROCHE
17550 DOLUS D'OLERON – TÉL. 46 75 35 77

HOTEL St NICOLAS ★★

76 chambres calmes

bains, W.C.
téléphone direct
T.V. couleur
salle de réunion
grand garage fermé

13, rue Sardinerie
La Rochelle
Tél. 46 41 71 55

Télex 793075

*Neuf et calme, au cœur de la Vieille Ville,
à deux pas du Port et des Tours.*

Hôtel le MANOIR ★★

Prés des Parcs et Plages
Téléphone direct dans toutes les chambres
Télévision – Parking

8, bis Avenue du Général Leclerc   17000 LA ROCHELLE
Tél. 46 67 47 47

CHAINE CAMPOCÉAN
CAMPING CARAVANING # La Pierrière ★★★

PISCINE
BAR - PLATS CUISINÉS
**TENNIS - CENTRE ÉQUESTRE
MINI-GOLF A PROXIMITÉ**
Route de St Georges
17310 ST PIERRE D'OLERON
TÉL. 46 47 08 29

 1 On cherche un hôtel près de la plage.

 2 Je voudrais une chambre avec salle de bains.

 3 Je préfère un camping où la mer est tout près.

 4 Papa préfère un hôtel tranquille où il y a un garage pour la voiture.

5 Clara adore faire du cheval. Alors on cherche un camping où elle peut en faire.

 6 On cherche un camping où on peut se baigner et jouer au tennis.

2 On parle de quoi?

On parle du camping? de l'hôtel? du gîte? de la colo?

On est tout le temps dehors, c'est bien ça.
1

On a sa propre chambre et on a la clef de la chambre.
2

On peut faire beaucoup d'activités en groupe.
3

On peut être tranquille à la campagne dans une petite maison confortable.
4

1 Casse-tête

Lis ce que disent ces jeunes et décide

a) qui parle à chaque fois

b) combien sont allés à l'auberge de jeunesse et combien ont fait du camping.

> Nathalie et Caroline avaient l'emplacement à côté. **1**

> Guillaume a fait la cuisine le premier soir. Après ça, on a toujours mangé ce qu'a préparé l'aubergiste! **2**

> Le dortoir était au rez-de-chaussée. David et moi avons eu des lits superposés. **3**

> Liliane avait sa propre tente. Moi, j'ai partagé une tente avec Caroline. **4**

Accueil

2 Dialogue au camping

Recopie ce dialogue dans le bon ordre.

– Nous sommes quatre.
– Bonjour, madame. Vous avez de la place?
– Au moins trois nuits.
– Et vous êtes combien de personnes?
– Une caravane.
– Très bien. Alors je vous montre sur le plan où est l'emplacement.
– Oui, monsieur. C'est pour une tente ou une caravane?
– Quatre personnes. Et vous voulez rester combien de temps?

Commencez par:

– Bonjour, madame. Vous avez de la place?

Définitions

Lis les définitions pour trouver le mot juste.

1 Ça décrit toutes sortes de travail que l'on fait à la maison.

2 C'est le mot collectif pour les douches, les lavabos, les WC etc.

3 On peut dormir là si on est membre de l'association.

4 Ce sont des maisons partout en France que l'on peut louer pour les vacances.

5 On peut passer la nuit là si on paie le prix de la chambre.

6 Ce sont des vacances organisées pour les jeunes.

1 Ecris les mots dans le bon ordre

Ecris les mots dans le bon ordre pour décrire chaque dessin.

Exemple

1 Ce qui est bien à l'hôtel, c'est que c'est confortable.

1 bien l'hôtel confortable qui est c'est c'est ce à que est

2 est le que l'on au tout est camping ce qui temps bien c'est dehors

3 en c'est qui d' peut beaucoup bien colo que est l'on faire ce activités

4 l'on être dans bien peut gîte ce c'est qui un que tranquille est

2 La Rivière-Enverse

Lis le texte, recopie les phrases et remplis les blancs.

1 Le stage dure _____ jours.

2 Le centre se trouve près d'une _____.

3 Il y a de la place pour _____ jeunes.

4 Les jeunes sont hébergés sous _____.

5 Il faut avoir un _____ _____.

6 Il faut savoir _____.

7 On peut faire du vélo _____ _____.

8 On fait du camping avec _____ dans les montagnes.

13/15 ans – montagne

LA RIVIERE-ENVERSE

(21 jours)
Centre de vacances V.V.L.
de la ville de Pierrefitte
Chalet Bellevue
la Rivière-Enverse
74440 Taninges
Tél: (16) 50.34.22.86

Situé à onze km de Samoëns, les maisons du village de la Rivière-Enverse sont très éparpillées. Le centre borde une forêt et domine la vallée du Giffre aux eaux tantôt blanches tantôt transparentes. Les 45 jeunes que peut accueillir le centre sont hébergés sous tentes aménagées de 7 ou 8 places. Un chalet abrite les services et les salles d'activités.

Pour ce séjour à dominante sportive, les jeunes doivent fournir un certificat médical d'aptitude à la pratique des activités proposées, récent de moins de trois mois, ainsi qu'un brevet de natation de cinquante mètres.

Canoë-kayak (animateur spécialisé), vélo tout terrain, tir à l'arc, randonnées-camping avec bivouac à deux milles mètres d'altitude (encadré par animateur expérimenté).

Objectif 1 — Les relations personnelles

Mon ami idéal

Les qualités		
masculines		**féminines**
beau		belle
sportif	fidèle	sportive
sérieux	drôle	sérieuse
intelligent	honnête	intelligente
généreux	artiste	généreuse
gentil		gentille

A toi maintenant.

Qu'est-ce qui est important à ton avis? Comment est ton ami(e) idéal(e)?

Dresse une liste avec ton/ta partenaire des aspects les plus importants chez un(e) ami(e).

Exemple

> 1 honnête
>
> 2 gentil(le)

Il est fidèle

 Ces jeunes parlent des qualités personnelles de leurs amis.

Choisis les bons adjectifs pour compléter leurs phrases.

Exemple 1 Il est _très fidèle_.

1 «Mon ami? Ce qui est bien, c'est qu'il est là quand ça ne va pas. Il ne s'intéresse pas aux autres filles. Il est très _____.»
2 «Mon amie,Claire? Elle est vraiment bien. Elle aime bien rigoler et elle me fait rire. Elle est _____.»
3 «Alors, Jacques, mon copain? Il est super. Il prête ses affaires, par exemple, ses cassettes ou son vélo. Il est très _____.»
4 «Mon petit ami? Il est grand et beau et très musclé. J'adore ça. En plus il aime tous les sports comme moi. Il est très _____.»
5 «Ma petite amie est comme moi. Elle aime la lecture, elle s'intéresse aux problèmes de la planète et elle aime bien ses études. Elle est assez sérieuse et _____.»

> **drôle   intelligent   généreux   sportif**
> **fidèle   sportive   intelligente   généreuse**

Décris un(e) ami(e). Sers-toi de ces textes et de ces adjectifs. Ou écris un extrait de lettre à ton/ta correspondant(e). Décris un(e) ami(e) ou même deux ou trois amis.

Cherche correspondant

Voilà des messages personnels. Lis les annonces et regarde les dessins.

Jeune fille sportive, intelligente, artiste, belle et très modeste cherche correspondante avec profil similaire.

Vrais jumeaux de 14 ans cherchent correspondant sérieux qui aime l'astrologie, la politique et les glaces. Envoie ta lettre en deux exemplaires!

Je suis nul en français, maths et histoire-géo. Je ne suis pas du tout sportif, j'ai les cheveux gras et des boutons sur le visage mais je suis très honnête. Si tu as envie de correspondre avec moi, écris vite – sans photo!

`Mac`, jeune ordinateur (5 ans), bonne mémoire, bien équipé, cherche correspondante électronique, sérieuse et intelligente (mais pas trop!). Transmettez photo, svp.

A toi maintenant.
Invente toi-même des annonces similaires avec tes propres dessins. N'oublie pas les adjectifs!

Vive la différence!

Les parents d'Alphonse et Angélique parlent des garçons et des filles.
Tu es d'accord avec madame ou monsieur?
Fais un dialogue sur ce thème avec ton/ta partenaire!

Rappel

Mon ami(e) idéal(e)	est	intelligent(e). sportif/sportive. généreux/généreuse.				

A mon avis Je trouve que	les garçons	sont plus	sensibles bruyants	que les	filles.
	les filles		fortes intelligentes		garçons.

Ta personnalité: enquête

Voilà un quiz sur ta personnalité. Comment réagis-tu quand ton ami(e) te parle comme ça? Réponds aux questions, en choisissant **a**, **b** ou **c** à chaque fois.

3 Excuse-moi de mon retard. J'ai raté le bus.
  a Je dis: 'Ça ne fait rien.'
  b Je dis: 'Tu es toujours en retard!' et on se dispute.
  c Je dis: 'Pourquoi tu as raté le bus?'

1 Je n'aime pas ton pull. Il est moche!
  a Je le mets à la poubelle.
  b Je dis 'tant pis' et continue à le porter.
  c Je le porte quand mon amie n'est pas avec moi.

4 Je ne peux pas sortir ce soir. J'ai trop de travail.
  a Je dis: 'Encore!! Tu m'énerves avec tes devoirs!'
  b Je dis: 'Ah bon, d'accord.'
  c Je dis: 'Je peux t'aider à faire tes devoirs?'

2 Je n'aime pas ta coiffure. C'est bizarre!
  a Je dis: 'Moi, je l'aime bien. Je la garde comme ça.'
  b Je vais immédiatement chez le coiffeur.
  c Je dis: 'J'aime bien la coupe, mais je vais peut-être la changer bientôt.'

5 Tu me paies le cinéma? Je n'ai pas d'argent.
  a Je dis: 'Oui, bien sûr.'
  b Je dis: 'Ah non. Je ne paie pas pour toi. Tu n'as jamais d'argent.'
  c Je dis: 'Tiens. Je te prête de l'argent.'

6 Je ne peux pas aller danser avec toi. Je suis invité(e) à une boum.
   a Je ne dis rien mais je suis très jaloux/jalouse.
   b Je dis que je suis très déçu(e) mais j'essaie de comprendre la situation.
   c Je dis: 'Quoi!! Tant pis! C'est fini entre nous!'

7 Tu me prêtes ton vélo?
   a Je dis: 'Oui, bien sûr. Le voilà.'
   b Je dis: 'Non, c'est un cadeau de mes parents.'
   c Je dis: 'Oui, mais fais attention parce qu'il est tout neuf.'

8 Je peux copier tes maths?
   a Je dis: 'Non, fais tes propres devoirs!'
   b Je dis: 'Si tu trouves ça difficile, je peux t'expliquer.'
   c Je dis: 'Oui, bien sûr.'

Fais le total.
Qu'est-ce qu'on te dit à propos de ta personnalité?
Tu es vraiment comme ça?

Résultat

		POINTS
1	a	1
	b	5
	c	3
2	a	5
	b	1
	c	3
3	a	1
	b	5
	c	3
4	a	5
	b	1
	c	3
5	a	1
	b	5
	c	3
6	a	1
	b	3
	c	5
7	a	1
	b	5
	c	3
8	a	5
	b	3
	c	1

TOTAL

8 – 17 points: *Tu es un peu faible. Tu ne penses pas assez pour toi-même. Attention! Tes amis risquent de profiter de ta gentillesse!*

18 – 28 points: *Tu es très (quelquefois trop) raisonnable. Tes copains t'apprécient beaucoup.*

29 – 35 points: *Tu es très sûr(e) de toi de la plupart du temps. Fais attention à ne pas être trop dur(e) avec tes amis.*

36 – 40 points: *Tu es obstiné(e) et insupportable. Ne sois pas si égoïste et arrogant(e)!*

Bon conseil, mauvais conseil

Lis ces lettres et les trois réponses pour chacune.

Quelle réponse préfères-tu?
Quels sont les bons conseils?
Et quels sont les mauvais conseils?

J'en ai vraiment assez de mes parents. Ils sont toujours sur mon dos. Je dois toujours rentrer exactement à neuf heures, même le week-end.

Christine, 15 ans, Strasbourg

a Ne sors plus le week-end.
b Essaie d'en parler avec tes parents.
c Refuse de rentrer avant neuf heures et demie.

Ma mère ne me laisse pas m'habiller comme je veux. Elle m'achète mes vêtements et ce sont toujours des vêtements que je n'aime pas.

Sakina, 14 ans, Marseille

a Accepte les décisions de ta mère – elle sait mieux que toi ce qu'il te faut.
b Economise ton argent de poche et achète des vêtements pour prouver à ta mère que tu es capable de faire cela toi-même.
c Discute le problème calmement avec elle.

Mes parents sont toujours mécontents de mes notes. Ils critiquent toujours mes résultats au collège.

Christophe, 13 ans, Les Abymes, Guadeloupe

a Travaille plus dur au collège.
b Demande à tes professeurs de parler à tes parents.
c Demande à tes parents si, eux, ils avaient toujours de bonnes notes quand ils étaient à l'école.

Mon problème, c'est que je ne reçois pas assez d'argent de poche. Je n'ai pas assez d'argent pour sortir.

Jacques, 15 ans, Angers

a Demande à tes parents de te donner plus d'argent de poche.
b Accepte que tes parents n'aient pas assez d'argent à te donner.
c Cherche un petit emploi à temps partiel.

Je ne m'entends pas bien avec mon frère. Il vient se servir dans ma chambre. Il prend mes affaires sans me demander la permission.

Myriam, 14 ans, Concarneau

a Tape sur lui.
b Va te servir dans sa chambre sans demander sa permission.
c Mets les choses au clair avec lui.

Il y a une fille à l'école qui me fait mal. Elle me tire les cheveux. Elle me donne des coups de pied. Elle me bouscule dans la cour et quelquefois même elle me tape.

Axelle, 12 ans, Bordeaux

a Va voir tes profs.
b Tape sur elle.
c Quitte l'école.

Mes parents vérifient toujours si j'ai fait mon travail. Ils viennent dans ma chambre et regardent mon cahier de texte. Ils ne me laissent pas sortir si je n'ai pas fait mes devoirs.

Simon, 14 ans, Dieppe

a Ferme ta chambre à clef.
b Montre-leur ton travail au lieu d'attendre.
c Sors quand même.

Mes amis ne sont pas très généreux. C'est toujours moi qui prête mes affaires et eux, ils ne prêtent jamais rien.

Nacima, 15 ans, Paris

a Ne prête plus tes affaires.
b Dis-leur qu'ils sont égoïstes.
c Cherche d'autres amis plus généreux.

Mon père n'apprécie jamais mes amis, ni les garçons ni les filles. Il ne les laisse pas venir à la maison. Il me demande même d'arrêter de les voir.

Daniel, 13 ans, Bastia, Corse

a Explique à ton père que tes amis sont importants pour toi.
b Dis-lui que c'est à toi uniquement de choisir tes amis.
c Demande à ton père si tu peux lui choisir ses amis.

Je ne m'entends pas bien avec ma sœur. Elle est très énervante. On se dispute tout le temps mais mes amis disent qu'ils la trouvent bien.

Patrick, 14 ans, Rouen

a Dis-lui qu'elle peut aller en ville avec toi et tes copains si elle arrête de t'embêter.
b Discute le problème avec ta sœur et tes parents.
c Tape sur elle.

Signes du zodiaque

Lis la description pour chaque signe du zodiaque. Puis regarde les textes ci-dessous. De quel signe du zodiaque est chaque personne?

Bélier

21 mars–20 avril
Tu es passionné et volontaire. Ton impulsivité te joue quelquefois des tours. Tu as besoin d'agir et de conquérir.

Cancer

22 juin–22 juillet
Tu es sensible et rêveur. Tu préfères la vie intérieure aux contacts extérieurs. Tu peux être susceptible.

Balance

24 septembre–23 octobre
Tu es sociable, adaptable. Tu aimes l'harmonie. Mais quelle difficulté parfois à choisir entre deux solutions!

Capricorne

22 décembre–20 janvier
Tu es concentré et maître de toi. Tu as de la volonté. Tu as du mal à exprimer tes sentiments. Tu aimes bien être seul.

Taureau

21 avril–21 mai
Tu es sensuel et persévérant. Tu agis par instinct. Tu es capable de travailler longtemps – mais tu es parfois rancunier.

Lion

23 juillet–23 août
Tu es fort. Tu as confiance en toi et dans la vie. Tu as de la volonté. Attention de ne pas te croire toujours le meilleur, le plus beau… le roi des animaux!

Scorpion

24 octobre–22 novembre
Tu as un sacré tempérament! Tu es passionné et volontaire – quelquefois tu es vraiment très autoritaire.

Verseau

21 janvier–18 février
Tu acceptes facilement les autres et tu aimes les aider. Tu as un grand sens de l'amitié. Tu n'aimes pas les conventions sociales.

Gémeaux

22 mai–21 juin
Tu aimes le mouvement, le changement. Tu t'adaptes facilement et tu aimes échanger et communiquer. Tu es quelquefois instable et superficiel.

Vierge

24 août–23 septembre
Tu es assez timide, sérieux et raisonnable. Tu aimes beaucoup les choses logiques et précises, comme les ordinateurs.

Sagittaire

23 novembre–21 décembre
Tu aspires à dépasser tes propres limites. Tu es capable d'élans audacieux. Tu es ou un conformiste ou un indépendant farouche.

Poissons

19 février–20 mars
Tu es adaptable et sensible. Tu as beaucoup d'imagination. Mais quelquefois tu "flottes" et tu manques de volonté.

Hélène

1 Qu'est-ce que je vais faire? Je vais dépenser mon argent ou faire des économies? Je ne peux pas décider.

4 Je sais qu'il est tard, mais je veux absolument finir ce travail.

Michel

2 Bien sûr que je t'aiderai. On est copains, quoi?

Stéphane

5 J'adore voyager, être chaque jour dans un endroit différent et parler avec des gens du coin.

Aude

Mathieu

3 Je ne sais pas t'expliquer pourquoi. Je ne veux pas sortir, c'est tout.

Sophie

6 Laissez-moi jouer le rôle de Juliette. Je le ferais mieux que les autres.

Relis les textes et trouve ton signe du zodiaque. C'est bien ta personnalité? Sinon, écris le bon texte pour toi-même

Ça m'énerve!

Quelle situation est la plus énervante à ton avis?
Mets-les en ordre, en commençant par la plus énervante.

1 Ça m'énerve quand mon père fume parce que c'est mauvais pour lui et ça sent mauvais dans toute la maison.

2 Ça m'énerve parce que ma sœur passe sa vie au téléphone et alors moi je ne peux jamais téléphoner!

3 Ce qui m'énerve c'est le garçon dans ma classe qui est toujours trop gentil avec tous les profs.

4 Mon frère m'énerve. Il est toujours très désordonné. Il ne fait attention à rien. Il laisse toujours traîner ses affaires sales et aussi ses serviettes mouillées sur mon lit.

5 Moi, ça m'énerve parce que mes parents me traitent comme si j'avais toujours cinq ans.

6 Ça m'énerve quand j'ai quelque chose à dire et que personne ne m'écoute.

Et toi? Qu'est-ce qui t'énerve? Rédige un petit texte sur le sujet.

Compare tes problèmes avec ceux de ton/ta partenaire.

Tu énerves ta famille et tes amis aussi?
Que dirait-on de toi?

Pas moi

Céline m'a dit que c'est fini.
Elle a quelqu'un d'autre, je crois.
Qui a besoin de petites amies?
Pas moi!

Les professeurs ne me font plus peur
Avec leurs regards, leur voix.
Qui a besoin de professeurs?
Pas moi!

Disputes? Mais oui. On n'a pas choisi
La mère, le père qu'on a.
Qui a besoin d'une famille?
Pas moi!

Je me suis brouillé avec les copains.
Ne me demande pas pourquoi.
Dis-moi seulement: qui a besoin
De moi?

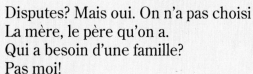

Qu'est-ce que tu aimes comme vêtements?

Ecoute la cassette. Relie les textes et les dessins.

1 «Moi, j'aime bien les vêtements décontractés et confortables. J'aime bien les choses un peu trop grandes et j'aime bien les couleurs assez classiques … bleu-marine par exemple.»

2 «Moi, j'aime bien être à la mode. Je regarde toujours dans les magazines. J'aime être vraiment bien habillée.»

3 «Alors moi, ce qui m'importe le plus c'est les couleurs. Moi, j'aime bien harmoniser les couleurs. J'ai toujours les chaussettes qui vont avec ma chemise. Tout ça c'est très important pour moi.»

4 «Moi, je trouve que la matière est très importante. Ce que je préfère c'est la laine et le coton. Ce que je déteste ce sont les fibres synthétiques comme le nylon et le polyester.»

5 «J'aime beaucoup porter mon uniforme. Il est vraiment très élégant … très chic. C'est une jupe assez longue avec un joli chemisier et une veste assez serrée. Je me sens bien dedans.»

6 «J'aime bien être à l'aise dans mes vêtements. Je garde les vêtements très longtemps. Par exemple, j'ai un jean que j'adore. Je le porte avec mes vieilles baskets.»

7 «Ça dépend, mais en général j'aime bien avoir des vêtements qui sont juste à ma taille. J'adore les vêtements très serrés.»

8 «Je préfère les habits traditionnels, mais souvent quand je sors je porte des habits modernes.»

Et toi? Qu'est-ce que tu aimes comme vêtements?

Rappel

Qu'est-ce que tu aimes comme vêtements?		
J'aime les vêtements		juste à ma taille. serrés. décontractés. un peu grands et larges.
J'aime bien	être	à la mode. à l'aise. bien habillé(e).
	harmoniser les couleurs.	

Au magasin de vêtements

 Ecoute la cassette et lis le texte.

– Bonjour.
– Bonjour. Je voudrais essayer un jean. Qu'est-ce que vous avez comme couleurs?
– Nous avons des jeans en noir, en bleu et délavés … très clair. Qu'est-ce que vous préférez?
– J'aime bien le noir et le bleu délavé est bien aussi. Mais, tout d'abord, est-ce que vous avez ma taille?
– Vous avez quel âge?
– J'ai seize ans.
– Alors, attendez je vais voir … oui, nous l'avons en noir et délavé. Vous pouvez essayer les deux. (*Elle les essaie*)
– Je préfère le délavé. Finalement ça me va mieux. C'est quel prix?
– Celui-là, c'est à un prix réduit…ça coûte 179 francs.
– Ce n'est pas cher du tout.
– Oui, ce n'est pas une grande marque mais c'est un jean de bonne qualité.
– Je le prends.

Relis le dialogue ci-dessus en remplaçant les mots en bleu.

Fais des dialogues avec ton/ta partenaire.

un jean une jupe un pantalon une veste	en	laine coton cuir	à	rayures pois blancs carreaux	celui-là celle-là

bleu clair/foncé	marron	mauve	vert(e)
gris(e)	noir(e)	rose	violet(te)
jaune	orange	rouge	multicolore

Dernière mode de Londres

Les grandes marques

Que penses-tu des marques?
Voici des jeunes qui parlent des marques. Dresse
une liste de ceux qui sont 'pour' et 'contre' et
écris la raison pourquoi.

Moi, je trouve que c'est vraiment idiot. Quand on achète une grande marque on paie le nom. C'est cher à cause du nom.

Régis

Moi, j'achète toujours des marques. Je ne pourrais pas faire autrement. Tous mes amis portent des marques.

Daniel

Moi, j'aime bien les marques. C'est chouette les marques, mais c'est cher.

Humlyse

Bon, moi, quelquefois quand j'arrive à économiser de l'argent, j'achète une chemise de marque.

Thomas

Les marques ... ça m'est complètement égal. La mode ... ça m'est égal aussi.

Aurore

Je pense que les marques comme Lacoste ... Cimarron ... font très bien, très chic. Les marques sont un genre de code ... un mot de passe pour les jeunes. Moi, tous les jours, je m'habille avec des vêtements de marque. C'est vrai ... il y a des vêtements semblables moins chers, pourtant la qualité n'est pas la même.

Virginie

Mes parents n'ont pas beaucoup d'argent. Je ne porte pas de vêtements très à la mode ... très branchés, quoi! Je n'ai pas de marques. En plus, au collège il y a des gens qui se moquent de moi à cause de ça. Les marques, c'est idiot!

Frédéric

Le look, c'est important?

Ecoute la cassette et lis le texte.
Qu'est-ce qu'on dit au sujet des apparences?

> Pour moi la beauté n'est pas importante. Ce qui m'intéresse chez mes amies et mes copains, c'est la beauté intérieure.
>
> **Julie**

> Quand on rencontre une personne, on la juge immédiatement sur son apparence.
>
> **Patrice**

> Moi, la beauté je trouve ça très important. La beauté est quelque chose de magnifique.
>
> **Emilie**

> La beauté... c'est bien, mais ce n'est pas tout. On peut plaire par notre beauté mais aussi par nos talents et notre gentillesse.
>
> **Michel**

Qui est-ce? Relis les textes et identifie la personne à chaque fois.

Exemple

1 = Patrice

1 Cette personne trouve que le look est l'aspect le plus important au début. Si on n'a pas une bonne apparence on est mal jugé.
2 Cette personne trouve que les apparences sont moins importantes, mais elle n'aime pas voir les gens qui ne s'occupent pas du tout de leur apparence.
3 Cette personne préfère la gentillesse d'un ami, qui l'apprécie comme elle est.
4 Cette personne apprécie la beauté mais trouve que tout le monde a d'autres aspects aussi importants.
5 Cette personne cherche la beauté avant tout.
6 Cette personne attache peu d'importance à la beauté physique.

> Un ami ne doit pas être forcément beau. Il doit tout simplement être gentil et m'accepter comme je suis.
>
> **Chloé**

> L'apparence des gens m'influence un peu. Si quelqu'un porte toujours les mêmes vêtements ou ne se peigne jamais, j'ai une mauvaise impression.
>
> **Marlène**

Les slogans

la vie est trop courte pour s'habiller triste

BIEN FRINGUE

BIEN SAPE

LA MODE C'EST NUL

je me sens bien dans ma peau

Station service

Describing (ideal) friends

Mon ami(e) idéal(e) est	beau/belle.	My ideal friend is handsome/beautiful	**135**
	généreux/généreuse.	My ideal friend is generous.	
	drôle.	My ideal friend is funny.	

Making comparisons between boys and girls

A mon avis	les garçons sont plus	forts	que les filles.	In my opinion boys are stronger/noisier/more sensitive than girls.	**135**
		bruyants			
		sensibles			

Je trouve que	les filles sont plus	fortes	que les garçons.	I think girls are stronger/noisier/more sensitive than boys.
		bruyantes		
		sensibles		

Agreeing and disagreeing with others' opinions

Bon, d'accord.	Okay, I agree.
Peut-être.	Maybe.
Quoi!? Ça, c'est bête!	What!? That's silly!
Ça ne va pas, non?	Are you sure you mean that?
Tu rigoles!	You're joking!
Tu te trompes complètement.	You're completely wrong.

Talking about clothes

Qu'est-ce que tu aimes	comme vêtements?	What sort of clothes do you like?	
J'aime les vêtements	serrés.	I like tight-fitting clothes.	
	décontractés.	I like comfortable clothes.	
J'aime (bien)	être à la mode.	I like to dress fashionably.	**138**
	être bien habillé(e).	I like to be well-dressed.	
	harmoniser les couleurs.	I like to wear matching colours.	
Je déteste	le nylon.	I hate nylon.	
Je préfère	la laine et le coton.	I prefer wool and cotton.	

1 En bref

Fais des phrases pour décrire chaque personne.
Sers-toi du tableau ci-dessous.

Exemple

1 Elle est sportive.

Il est	grand	artiste	travailleuse
	drôle		généreux
Elle est	travailleur	sportif	sportive
	généreuse		grande

1 Christine aime le foot, le patin à roulettes et le surf.
2 Luc mesure 1 mètre 85.
3 Leila aime la peinture et la musique.
4 Isabelle achète beaucoup de cadeaux pour sa famille et ses amis.
5 Yannick rigole beaucoup. Il fait rire tout le monde.
6 Daniel passe beaucoup de temps à faire ses devoirs. Il travaille même pendant la récréation.

2 Cherche l'intrus

1 jaune   cher   délavé   bleu

2 laine   cuir   coton   marron

3 longs   serrés   grands   beaux

4 chaussettes   chemise   laine   jupe

5 fichues   chic   belle   jolie

6 habits   fringues   amis   vêtements

1 Tout est relatif

Trouve le texte juste pour chaque dessin.

Exemple 1 = A

1 Les filles sont plus bruyantes.
2 Les filles sont plus grandes.
3 Les garçons sont plus forts.
4 Les filles sont plus sportives.
5 Les filles sont plus agressives.
6 Les garçons sont plus travailleurs.

1 Disputes

Une classe de 4ème a fait un sondage sur les disputes en famille. Les réponses ont été regroupées sous les catégories suivantes:

Voici quelques réponses. Sous quelle catégorie faut-il les mettre?

> *ne se dispute jamais*   *amis*   *télé*
>
> *temps libre*   *école*   *argent*   *vêtements*
>
> *état de ta chambre*   *ménage*

Mes parents ne sont jamais satisfaits de mes notes. Je fais de mon mieux mais ils ne me croient pas.

Maxime

Mes amis reçoivent tous plus que moi.

Jean-Philippe

Ma mère critique toujours mes copines. Elle trouve qu'elles ne sont pas assez sérieuses.

Youssoupha

Nous, on s'entend vraiment très bien. Tout le monde est très tolérant vis à vis des autres.

Pascal

Quand je veux voir quelque chose de spécial il y a toujours une émission que mon frère veut voir sur l'autre chaîne.

Sébastien

Ma mère est très chic et ne comprend pas quand je ne veux mettre qu'un jean et un pull. Je n'arrive pas à la persuader que tous les jeunes font comme ça.

Céline

Quand je n'ai pas de devoirs à faire, ma mère veut toujours m'organiser quelque chose. Elle ne comprend pas qu'après une journée au collège j'ai besoin de me relaxer, de regarder la télé ou quelque chose comme ça.

Danielle

---

2 Magasins de vêtements

Relie les textes et les photos.

1 – Et la boutique là-bas?
  – Mais non. Je suis trop grand. Tu vois le panneau?

2 – Mais regarde. Ça fait une réduction de presque cinquante francs si on achète les deux.
  – Oui mais je n'aime pas les couleurs.

3 – Elles sont au même prix que les chemisiers, les jupes?
  – Oui, mademoiselle. Et en plus elles sont en laine.

4 – Vous n'avez plus de chemises?
  – Ah non, je suis désolé, monsieur. Maintenant il ne reste pas grand-chose. Mais les nouveaux modèles seront là dans quelques jours.

L'adjectif juste

1 Trouve l'adjectif juste sur la liste à droite pour décrire chaque personne.

sympa

généreux *fidèle* *amusante*

artiste *honnête* *égoïste* *travailleur*

Exemple

Mon ami fait toujours bien son travail. Il le rend toujours à l'heure et c'est toujours du travail bien fait.

L'ami de Laure est _travailleur_.

Laure

J'aime bien mon père. Il me donne toujours de l'argent puis il me fait des cadeaux.

Le père de Corine est _____.

 Corinne

Mon frère est toujours de bonne humeur et il essaie de rendre les gens heureux.

Le frère d'Annie est _____.

Annie

Mon amie est toujours là quand j'ai besoin d'elle. Elle ne me laisse jamais tomber.

L'amie de Marc est _____.

 Marc

Ma sœur ne pense toujours qu'à elle et jamais aux autres. Elle ne fait jamais rien pour personne.

La sœur d'Olivier est _____.

Olivier

Ma mère aime beaucoup la musique et puis aussi la peinture.

La mère de Leila est _____.

 **Leila**

Mon ami dit toujours la vérité. Il ne prendrait jamais les affaires de quelqu'un d'autre.

L'ami de Bruno est _____.

Bruno

Ma sœur me fait toujours rire. Elle est drôle et raconte des histoires rigolotes.

La sœur d'Yann est _____.

 Yann

Poème des grandes marques

2 Recopie le poème en remplissant les blancs avec des mots qui conviennent. Regarde la page 110 du livre pour t'aider.

Que penses-tu des marques, Colette?
A mon avis, c'est _____
Et ton avis, Bruno?
C'est moche, c'est _____
Tu es d'accord Chantal?
Les marques, ça m'est _____
Qu'en penses-tu, Monique?
A mon avis c'est _____
Et qu'en penses-tu, Pierre?
Elles coûtent beaucoup trop _____
Et enfin toi, Simon?
On ne paie que pour le _____!

Objectif 1

Comment profiter des vacances

Profites-tu des vacances?

Comment passes-tu tes vacances? Lis ces phrases et recopie celles qui te décrivent. Puis compare-les avec celles de ton/ta partenaire.

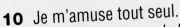

1 Je sors beaucoup avec les copains.
2 Je fais beaucoup de sport.
3 Je m'ennuie facilement.
4 J'essaie de planifier mes vacances.
5 Je me lève très tard le matin.
6 Je traîne beaucoup à la maison.
7 Je regarde beaucoup la télé.
8 Je lis.
9 Je fais un peu de travail pour l'école.

10 Je m'amuse tout seul.
11 Je ne fais pas grand-chose.
12 J'attends la rentrée avec impatience.
13 Je fais des jeux de société.
14 J'aide mes parents à la maison.
15 Je me repose.
16 Je passe beaucoup de temps au téléphone.
17 J'essaie de faire quelque chose de nouveau.
18 Je me couche assez tard.

Maintenant regarde ces quatre descriptions. Laquelle te correspond le mieux? Et ton/ta partenaire? Vous êtes d'accord?

A
Tu ne profites pas de tes vacances! Essaie d'être plus actif. Ça serait mieux pour ta santé aussi. Sinon, tu arriveras à la rentrée sans avoir rien fait!

B
Tu n'es pas très actif. C'est bien de te reposer un peu pendant les vacances, mais il faut aussi essayer de faire quelque chose d'intéressant ou de marrant!

C
Tu fais beaucoup de choses et tu es assez actif. Tu pourrais peut-être profiter même plus de tes vacances en organisant un peu mieux ton temps.

D
Tu en profites au maximum. Tu auras de beaux souvenirs de ces vacances. Mais n'oublie pas de te reposer un peu quand même!

Rappel

Je m'	amuse	tout(e) seul(e).	
	ennuie	facilement.	
Je me	lève	très	tard.
	couche	assez	
	repose.		

Jeu d'identité

Travaille avec un(e) partenaire. Choisis à tour de rôle une personne. Les symboles te montrent ce que chacun va faire pendant les vacances. Pose des questions pour trouver l'identité de ton/ta partenaire.

Magali

David

Pascal

Hélène

Thomas

Patricia

Anaïs

Bruno

Delphine

Légende

Tu vas lire.

Tu vas regarder beaucoup la télé.

Tu vas aider à la maison.

Tu vas sortir avec les copains.

Tu vas faire du sport.

Tu vas passer beaucoup de temps au téléphone.

Tu vas faire un peu de travail pour l'école.

Tu vas faire des jeux de société.

Exemple

A – Tu vas regarder beaucoup la télé?
B – Non.
A – Tu vas aider tes parents à la maison?
B – Oui.
A – Tu vas lire?
B – Oui.
A – Tu vas faire du sport?
B – Oui.
A – Alors tu es Magali.
B – Oui.

Rappel

Je vais	sortir avec des copains. faire un peu de travail pour l'école. lire.

Le conseil de Sophie

Il est important de se reposer parce qu'on est toujours fatigué à la fin du trimestre. C'est bien aussi de sortir beaucoup et de respirer du bon air. Il faut faire du sport et des activités en plein air. Si on a du travail, il faut essayer de planifier. Il ne faut pas laisser tout à la dernière minute! Profite des vacances pour passer du temps avec tes amis, mais aussi laisse-toi un peu de temps pour être seul, pour réfléchir.

On a posé la question «Qu'est-ce que tu fais pendant les vacances?».
Lis ces réponses. A ton avis, est-ce que ces jeunes suivent le bon conseil de Sophie? Oui? Non? En partie seulement?

Mathilde

Alors, moi, je fais un stage dans un centre. J'aime bien les stages. On peut y rencontrer des gens.

Pendant les vacances j'aime manger et dormir. Je me lève tard le matin et après je ne fais pas grand-chose. L'après-midi, je traîne à la maison. Je regarde beaucoup la télé et je fais des jeux vidéo. Quelquefois je lis des magazines et des bandes dessinées. Je me couche vers onze heures.

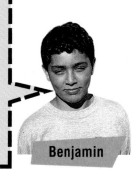
Benjamin

Nicolas

J'ai des vacances très organisées. D'abord, j'essaie de voir ce que j'ai comme travail et je le répartis sur toutes les vacances pour faire un peu par petits morceaux. J'aime bien lire alors je lis beaucoup. Puis, je fais un stage pour essayer quelque chose de nouveau. Cette année je fais un stage d'informatique.

Pendant les vacances j'ai envie de me reposer quelquefois … de ne rien faire … de rester simplement à la maison. Mais en même temps, je veux toujours essayer de faire au moins une activité ou une chose différente, quelque chose que je ne connais pas.

Alexandra

Michel

Ça dépend. Si quelqu'un propose quelque chose d'intéressant, je le fais. Mais sinon, je reste à la maison à regarder la télé ou à jouer avec l'ordinateur. Quant au travail pour l'école, j'ai toujours de bonnes intentions, mais d'habitude je finis par les faire juste avant la rentrée.

Je passe pas mal de temps avec ma famille. Je vois beaucoup mes frères et sœurs. On fait des choses ensemble. Par exemple du camping ou des jeux de société.

Isabelle

 Maintenant écoute la cassette. Qui parle?

Pas les grandes vacances

Lis cette lettre d'Estelle et essaie de deviner où elle habite: en Martinique? au Sénégal? en Nouvelle Calédonie? au Québec? au Vietnam?

le 30 juin

Salut!

Je m'appelle Estelle. Dans quelques jours, le trois juillet, j'aurai quatorze ans.

Là où j'habite il fait assez doux en ce moment (25 degrés) et on sera bientôt en vacances. Mais pour nous ce ne sont pas les grandes vacances. Ce n'est pas la fin de l'année scolaire non plus. Et ce n'est même pas l'été!

Pendant les vacances je vais me reposer un peu. Je ferai probablement aussi un peu de travail pour l'école. Et je vais passer pas mal de temps à la mer, à faire de la plongée sous-marine.

Ma cousine Céline va venir de France pour passer quatre semaines chez nous. Ça sera son premier séjour ici et on veut lui montrer beaucoup de choses. J'espère qu'il fera beau. On va rendre visite à mon ami canaque, Alfred, qui habite une tribu cachée au milieu des bananiers. Elle sera sûrement surprise de voir les femmes qui jouent au cricket là-bas l'après-midi! J'espère aussi qu'elle aura l'occasion de voir un rodéo à Kone, un village à 50 kilomètres d'ici. Malheureusement je serai obligée de rentrer à l'école avant son retour car nous n'avons que deux semaines de vacances en hiver.

Et toi, tu vas rester chez toi? Tu vas partir? Tu vas faire un boulot pour gagner de l'argent? Quels sont tes projets pour les vacances?

Estelle

A propos

Il y a deux façons de parler du futur en français:

1 aller + l'infinitif Je vais faire du camping.
2 le vrai futur Je ferai du camping.

Compare ces trois temps:

verbe	présent	aller + infinitif	futur
faire	Il fait beau.	Il va faire beau.	Il fera beau.
avoir	J'ai 13 ans.	Je vais avoir 14 ans.	J'aurai 14 ans.
être	On est cinq. Ça, c'est bien!	On va être cinq. Ça va être bien!	On sera cinq. Ça sera bien!

Un barbecue avec des copains

Océane décrit l'organisation pour un barbecue qu'elle va faire avec des amis. Relie les parties de phrase qui vont ensemble et recopie-les dans ton cahier.

Exemple

On va faire un barbecue vendredi prochain au vieux fort.

► On va faire un barbecue | une amie qui est là en vacances.
► C'est un endroit au bord | des saucisses aussi.
► On sera une dizaine | fera beau.
► Aurore va | de personnes.
► Moi, je vais préparer | va acheter les boissons.
► Il y aura | de la mer.
► C'est Ronan qui | emprunter le barbecue de son père.
► Régis a invité | commencer vers 15 heures.
► Ça va | vendredi prochain au vieux fort.
► J'espère qu'il | les brochettes.

ALPHONSE et...

ALORS, QU'EST-CE QU'ON FAIT ?

J'EN AI MARRE DE RIEN FAIRE ! SALUT !

Le lendemain après-midi...

HÉ, MECS ! REGARDEZ-MOI ÇA ! J'AI PASSÉ LA MATINÉE À FAIRE LA LISTE DE TOUTES LES CHOSES QU'ON POURRAIT FAIRE PENDANT LES VACANCES !

AH, MAIS C'EST SUPER !

IL Y A DES IDÉES VACHEMENT ORIGINALES ICI.

ALORS, QU'EST-CE QU'ON FAIT POUR COMMENCER ? ALPHONSE ?

PFFF ! ÉCRIRE TOUT ÇA, ÇA M'A COMPLÈTEMENT CREVÉ.

JE NE VEUX PLUS RIEN FAIRE.

Quatorze ans

Qua-torze ans_ On n'est plus un en-fant_ Le monde est très grand_ On a de la chan-ce.

Qua-torze_ ans_ Qu'est-ce qu'on a-ttend?_ Prof-it-ons-en C'est les va-ca - n - ces!

Et si on trou-vait_ un bou - lot? Et si on

par-tait en co - lo? Et si on fai-sait_ quel-que

chos-e_ pour la terre?_ Pas de-main._____ Main-te-nant._____

2

Et si on allait à la plage?
Et si on faisait un stage?
Et si on bricolait ensemble un cadeau?
Aujourd'hui. C'est l'moment.

Quatorze ans.......

3

Et si on lisait un roman?
Ou qu'on jouait d'un instrument?
Et si on faisait quelque chose de vraiment bien?
Quelque chose de marrant.

Quatorze ans.......

Objectif 2

Parler de vacances pour jeunes

Quelque chose de nouveau

Le canoë-kayak, ce n'est pas aussi difficile que ça en a l'air. On trouve assez vite son équilibre. Après ça, avec le courant, on avance facilement. C'est vrai que sur des rapides on tombe quelquefois, mais d'habitude on ne se fait pas mal. Tout le monde porte des gilets de sauvetage, mais c'est quand même mieux si on sait nager. Le canoë-kayak, c'est passionnant - mais attention! Ça peut être fatigant aussi.

L'escalade, c'est un sport magnifique. D'abord, on est dans la nature. Puis il y a le défi de trouver tout seul une façon de gravir ce mur de rocher. On y découvre très vite ses propres ressources. Mais on travaille aussi en équipe car il faut toujours quelqu'un pour tenir la corde de rappel. On compte complètement sur l'autre personne quand on fait la descente.

La spéléo, ce n'est pas pour tout le monde. Mais c'est unique. Il y a l'émotion de l'exploration, il y a l'intérêt géologique, il y a le dépassement de la peur. Bien sûr il faut le faire avec un animateur expérimenté et avec le bon équipement. Mais découvrir dans les entrailles de la terre une grotte pleine de stalactites et de stalagmites – c'est inoubliable!

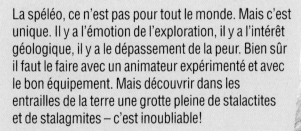

Pour faire du parapente il faut prendre des cours d'initiation. Il faut apprendre les effets des courants d'air chaud et aussi, bien sûr, il faut apprendre comment régler l'appareil. Au moment du premier vol on a toujours un peu peur, mais une fois en l'air la sensation de voler en silence comme un oiseau est vraiment super.

Faire de l'équitation, c'est être en harmonie avec un animal qui est plus fort que soi. Il faut apprendre à contrôler les mouvements du cheval ou du poney, mais aussi à prévoir ses réactions. Surtout c'est une question de confiance. Après, galoper à travers la plaine, le vent dans le visage – ça fait vraiment quelque chose!

Lesquelles de ces activités as-tu déjà essayées? Lesquelles est-ce que tu voudrais bien essayer? Et lesquelles est-ce que tu ne voudrais pas essayer? Pourquoi?

Ces jeunes parlent de quelle activité?

«...C'était chouette. Je suis tombée deux fois mais l'eau n'était pas froide.»

Olfa

«...Personnellement, j'ai trouvé la descente plus difficile que la montée. Il faut avoir une confiance totale dans la personne qui tient la corde.»

Patrice

«...Le mien s'appelait Bijou. Il était mignon. Mais au début il voulait toujours s'arrêter pour manger de l'herbe.»

Laurence

«...Au début j'ai eu vraiment peur. Pour démarrer il faut courir et se lancer dans le vide. Mais la vue d'en haut était incroyable!»

Sabah

«...A un moment donné il fallait avancer à plat ventre le long d'un tunnel. Ça c'était un peu effrayant. On tapait tout le temps son casque contre le plafond.»

Alban

Rappel

Moi, j'aimerais essayer J'ai déjà essayé	la spéléo. l'équitation. le parapente.
C'était	passionnant. fatigant.

Un choix de colos

 Lis ces détails. Puis écoute la cassette et identifie les colonies de vacances.

13/15 ans – mer

ARZAL

(21 jours)
Centre permanent de nature
P.E.P 56
Arzal
56190 Muzillac
Tél: (16).97.45.03.58

Arzal est un port du sud Morbihan accueillant les activités de pêche et de plaisance.
Bel équipement de construction récente, le centre est bâti sur une propriété de 3,5 hectares en amont d'un barrage sur la Vilaine.
Les 13-15 ans sont hébergés sous tentes aménagées comprenant des sanitaires complets (capacité maximale d'accueil du centre: 3 groupes de 15 jeunes).

Voile, planche à voile, canoë-kayak, kayak de mer (brevet de nage de 50 m nécessaire, animateurs spécialisés), initiation tennis (encadrement spécialisé), baignade surveillée, pêche, randonnées-camping …

Réponds aux questions de ces jeunes au sujet des trois colos.

Qu'est-ce qu'on peut faire comme sports à St-Nicolas?

C'est pour combien de jours, la colo au bord de la mer?

On partage la chambre avec combien d'autres personnes à Largentière?

Où est-ce qu'on loge à Arzal?

13/15 ans – campagne

LARGENTIERE

(21 jours)
Centre FOL de l'Ardèche
La Cégalière
07110 Largentière
Tél: (16).75.39.12.32

Centre entouré de forêt (à 20 km d'Aubenas).
25 jeunes peuvent être accueillis dans ce centre dans des chambres de 8 lits.

Canoë-kayak (brevet de 50 m de natation obligatoire, encadrement spécialisé), escalade et spéléologie (animateurs spécialisés), baignade, randonnées pédestres …

13/15 ans – montagne

ST-NICOLAS

(21 jours)
Centre de vacances V.V.L.
de la ville de Vitry-sur-Seine
Châlet «le Planey»
St-Nicolas-de-Véroce
74190 Le Fayet
Tél: (16).50.93.20.65

Ancien châlet d'alpage reconverti pour l'accueil d'enfants, entouré de grandes prairies, de forêts, le petit centre est perché en balcon sur les pentes de la vallée de Mont-joie. Devant lui sont les neiges, la face ouest du Mont-Blanc (St-Gervais-Le-Fayet à 7 km).
Capacité maximale d'accueil: 24 jeunes, hébergés dans deux chambres de 11 et 13 lits.

Escalade sur falaise-école (animateur spécialisé, équipement de sécurité complet), canoë (encadré par moniteur spécialisé, brevet de natation de 50 m et certificat médical d'aptitude indispensables), randonnées-camping-bivouac en montagne.

Et toi, quelle colonie préférerais-tu? Pourquoi?

St-Nicolas, je crois. Parce que j'aime les activités. On peut …

Face au Mont Blanc

Ce groupe de jeunes de la ville de Vitry passe trois semaines au centre de vacances de St-Nicolas-de-Véroce. Ecoute ce qu'ils disent puis choisis les phrases justes.

1 On se lève vers
a sept heures et demie.
b huit heures et demie.

2
a Il y a un choix d'activités.
b Il n'y a pas de choix d'activités.

3
a Il faut faire les activités organisées.
b On n'est pas obligé de faire les activités organisées.

4 Tout le monde
a s'entend bien.
b se dispute de temps en temps.

5
a Une monitrice fait la cuisine.
b Les jeunes font la cuisine.

6
a Tout le monde aide à faire la vaisselle.
b Les monos font la vaisselle.

7 On mange le soir vers
a sept heures.
b huit heures.

8 Quelquefois après le dîner on
a fait un feu de camp.
b regarde la télé.

9 On se couche entre
a dix heures et demie et onze heures.
b dix heures et demie et minuit.

10 Dans les dortoirs
a c'est calme.
b il y a beaucoup de bruit.

Rappel

On	se dispute beaucoup.
	s'entend très bien.
	se fait des amis.
	s'amuse ensemble.

Séjour dans les Pyrénées

Ces huit jeunes de Paris sont en vacances dans les Pyrénées avec plus de quatre-vingts autres personnes. Lis ce qu'ils disent au sujet du centre de vacances. Ce sont des remarques enthousiastes ou non?

Je trouve que les moniteurs sont super sympas.

Carole

Il y a trop de monde et beaucoup de bruit dans les dortoirs.

Laure

Les autres personnes sont gentilles mais ma famille me manque.

Vanessa

Le centre est très éloigné de tout. Il n'y a pas de ville ou village tout près. Le soir il faut rester ici.

La nourriture est très bonne mais il n'y en a pas toujours assez.

Elisabeth

On trouve des gens qui aiment les mêmes activités et comme ça, on se fait des amis. Moi, je me suis déjà fait plein de copains.

Fabrice

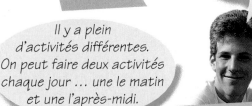

Il y a plein d'activités différentes. On peut faire deux activités chaque jour … une le matin et une l'après-midi.

Laurent

Jean-Philippe

Au début je n'étais pas sûre, mais maintenant j'adore ça. Je peux faire tout ce que je veux.

Marthe

Qu'est-ce qui compte le plus pour toi?

les environs *l'hébergement*
les activités proposées
les responsables (par exemple les moniteurs)
la nourriture
la compagnie

Classe-les par ordre d'importance. Puis compare ta liste avec celle de tes amis.

Exemple

Pour moi, le plus important c'est la compagnie. Après, c'est les activités, ensuite, les environs … Et en dernier, la nourriture.

Une expérience inoubliable

Cinq, quatre, trois, deux, un ... *décollage!*

C'est nouveau. C'est dans la région de Montréal, au Québec. C'est pour les jeunes de 10 à 16 ans.

Le camp peut accueillir 250 étudiants à la fois, chaque semaine. Les cours sont donnés en français et en anglais. C'est pour les jeunes qui rêvent de découvrir l'espace et ses mystères. Ça s'appelle «Space Camp Canada».

On passe cinq jours au camp pour expérimenter l'entraînement des astronautes, la sensation de marcher sur la Lune, la complexité d'un lancement et d'une mission spatiale, et surtout, l'importance de travailler en équipe pour réussir. On y étudie aussi les sciences spatiales, la médecine spatiale, les effets de la microgravité sur le corps humain et la vie dans l'espace. On y découvre l'importance des télécommunications et de la protection de l'environnement par satellites. De plus, les campeurs vivent pendant une semaine dans un environnement spatial. Même les dortoirs ont un «look» spatial!

Trouve les mots pour remplir chaque blanc. Prends-en la première lettre. Ça donne quel mot?

▶ Il faut avoir _____ ans pour y aller.

▶ On apprend surtout l'importance de travailler en _____.

▶ On étudie les effets de l'environnement spatial sur le _____ humain.

▶ Une semaine au camp, c'est une expérience que l'on n'_____ jamais.

▶ On donne des cours dans deux _____.

▶ On peut expérimenter la complexité d'un _____.

▶ Un _____, c'est quelqu'un qui travaille dans l'espace.

▶ Marcher sur la Lune, c'est différent parce qu'il y a moins de _____.

▶ Certains satellites servent à protéger l'_____.

Station service

Talking about how you get on with other people

On	s'entend très bien.	We get on very well.	**138**
	se dispute beaucoup.	We argue a lot.	
	s'amuse bien.	We enjoy ourselves/have a good time.	

Talking about how you spend your time

Je	sors avec les copains.	I go out with my friends.
	m'ennuie facilement.	I get bored easily.
	m'amuse tout seul.	I entertain myself.
	me lève tard le matin.	I get up late in the morning.
	fais beaucoup de sport.	I do lots of sport.
	lis beaucoup.	I read a lot.

| J'essaie de | planifier mes activités. | I try to plan my activities. |
| | faire quelque chose de nouveau. | I try to do something new. |

Talking about what you are going to do in the holidays

Je vais	faire un peu de travail pour l'école.	I'm going to do a bit of schoolwork.	**141**
	faire beaucoup de sport.	I'm going to do lots of sport.	
	aider mes parents à la maison.	I'm going to help my parents at home.	

On va	faire du camping.	We're going to go camping.
	regarder beaucoup la télé.	We'll watch lots of television.
	aller à la plage.	We'll go to the beach.

| On fera un barbecue. | We'll have a barbecue. |

| Il y aura | une dizaine de personnes. | There will be about ten people. |

| Ça sera bien. | It will be good. |

1 Pendant les vacances

Recopie ces phrases en remplaçant les blancs par les mots à droite.

Je _____ beaucoup de temps au téléphone.

J'essaie de faire quelque _____ de nouveau.

Je m'_____ toute seule.

Je me lève très _____.

Je _____ beaucoup avec les copains.

J'aide mes _____ à la maison.

Je fais un peu de _____ pour l'école.

Je _____ beaucoup la télé.

tard

amuse

regarde

travail

chose

passe

parents

sors

2 Qui dit ça?

A ton avis, qui parle? Un moniteur ou un jeune?

1 Je ne veux pas faire du canoë-kayak.
2 A table tout le monde!
3 Est-ce que je peux jouer au tennis ce matin?
4 Levez-vous. Il est huit heures.
5 Mettez-vous en groupes de six.

6 Est-ce que c'est très dangereux?
7 J'ai peur. Est-ce que je peux faire autre chose?
8 J'ai perdu ma sœur.
9 Mettez vos casques.
10 Silence dans les dortoirs!

2 C'est quelle activité?

Exemple
1 C'est le parapente.

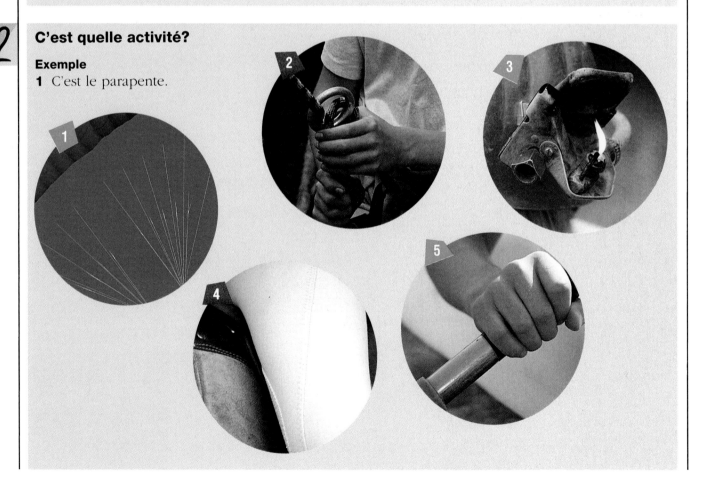

1 Qui parle?

Regarde le diagramme, puis décide qui parle.

> Pendant les vacances j'essaie de planifier un peu ce que je vais faire. Par exemple, j'essaie de faire un peu de sport toutes les semaines et j'essaie d'aider ma mère pour le ménage et dans la cuisine. J'aime bien lire aussi, et puis bien sûr je regarde pas mal de télévision. S'il fait mauvais j'aime faire des jeux de société. Je ne fais pas de travail pour l'école et je ne sors pas beaucoup avec les copains non plus.

Pierre-Paul

Julien

Olivier

2 Casse-tête

Chacun de ces quatre amis a fait deux activités au centre de vacances.
Lis les détails. Qui a fait quoi?

- Joanna a peur de l'eau.
- Grégory a peur des hauteurs.
- Thibault a peur des chevaux.
- Kathy a peur des espaces fermés.

- Quelqu'un a fait de l'escalade et de la spéléo.
- Joanna n'a pas fait de l'escalade.
- Quelqu'un a fait de l'équitation et de l'escalade.
- Une des personnes qui ont fait de l'équitation a fait aussi de la spéléo.
- Quelqu'un a fait de l'équitation et du canoë-kayak.
- Kathy n'a pas fait du canoë-kayak.

2 Colo cool

Fais de la pub pour une colonie de vacances.

Exemple

Et les prix?
Et les activités?
Et l'endroit?

COLO COOL
centre chic!
monos supersympas!
bouffe extra!
ambiance amicale!
dortoirs de grand luxe!

2 Synonymes

Laquelle des trois expressions à droite pourrait remplacer
l'expression en rouge dans chacune de ces phrases?

1 On doit se coucher avant 10 heures.	On veut On peut Il faut	
2 Il est interdit de manger dans les dortoirs.	On peut Il ne faut pas Il faut	
3 On a le droit de choisir les activités qu'on fait.	On peut Il faut Il est défendu de	
4 J'ai envie de faire de l'équitation.	Je peux Je veux J'essaie de	
5 On n'a pas besoin de porter un casque.	Il n'est pas nécessaire de On ne peut pas On n'a pas le droit de	

2 Lettre de l'Ardèche

A Imagine que tu es Séverine.
Réponds aux questions.

1 Où se trouve la colonie?
2 Combien êtes-vous dans les dortoirs?
3 Tu t'es déjà fait des amis?
4 Qu'est-ce que tu as fait comme activités?
5 Tu peux faire toutes les choses que tu espérais?
6 On peut partir en ville le soir?

B De quoi parle-t-elle?

Exemple
1 De sa famille

1 'Maintenant que je me suis fait des copains elle ne me manque plus.'
2 'Ils sont tous sympas sauf un, qui ne rigole jamais.'
3 'J'ai fait le tournoi de ping-pong, alors je ne l'ai pas vu.'
4 'Il y a un grand choix.'
5 'On part pour deux nuits pour le faire.'
6 'C'est la première fois que je l'ai fait.'

Salut!

Me voilà en colo dans l'Ardèche. C'est extra! Les monos sont tous sympas sauf un, qui est trop sévère et n'a pas le sens de l'humour. Il y a un grand choix d'activités. J'ai déjà fait de l'escalade, du canoë-kayak pour la première fois, du tennis et des randonnées. Demain on va partir pour deux nuits faire du camping.

Mais on n'est pas toujours obligé de faire quelque chose si on ne veut pas. On peut se reposer aussi si on veut. Malheureusement on ne peut pas faire de l'équitation ici.

On dort dans des dortoirs de sept ou huit personnes. Les autres personnes dans mon dortoir sont très sympas. Je me suis fait beaucoup de copains. Seulement ma famille me manquait un peu au début.

Le seul problème c'est que le centre est très éloigné de tout. Il n'y a même pas de village tout près. Donc, le soir, on est obligé de rester au centre. Mais on s'amuse bien. Ce soir il faut choisir entre un film et un tournoi de ping-pong. Je n'ai pas encore décidé!

Grosses bises

Séverine

Part 1 Nouns

Nouns are words we give to people, places or things. Words like sister, holidays and chewing gum are all nouns.

There are two groups of nouns in French: masculine and feminine.

For most nouns, there is no easy way to tell whether they are masculine or feminine. You simply have to remember. However, some endings do give you a clue.

All nouns ending in **-eau** are masculine:

le gâteau	le bateau

(but not the word **eau** itself, which is feminine).

All nouns of more than one syllable ending in **-age** are masculine (except **image** which is feminine):

le ménage	le visage

All nouns ending in **-ment** are masculine:

l'appartement	les vêtements

All nouns ending in **-ion** are feminine:

la natation	l'équitation

Singular

A singular noun is used when we are talking about one person, place or thing.

Plural

A plural noun is used when we are talking about more than one person, place or thing.

To make a noun plural in French you usually add an **-s**, as in English. But in French the **-s** is not normally pronounced.

singular	plural
maison	maisons
ami	amis

Nouns ending in **-s**, **-x** or **-z** remain unchanged in the plural:

singular	plural
fois	fois
voix	voix
nez	nez

Nouns ending in **-eu** and **-eau** add **-x** in the plural:

singular	plural
jeu	jeux
bateau	bateaux

The ending **-al** usually changes to **-aux** in the plural:

singular	plural
animal	animaux
cheval	chevaux

Making generalisations

When generalising about something, use the definite article:

| Je n'aime pas les gâteaux. (i.e. cakes in general) |
| Tu aimes la musique classique? |
| Je voudrais travailler avec les animaux. |

Part 2 Nouns with both masculine and feminine forms

Certain nouns (mainly names for jobs) have both a masculine and a feminine form:

masculine	feminine
copain	copine
acteur	actrice
chanteur	chanteuse
infirmier	infirmière
technicien	technicienne

Part 3 The definite article

How to say 'the' in French. There are four ways:

le for masculine nouns

le	livre
	restaurant

la for feminine nouns

la	mer
	maison

l' for feminine and masculine nouns beginning with a vowel or 'h'

l'	été
	heure

les for all nouns in the plural

les	enfants
	vacances

Part 4 The indefinite article

How to say 'a' or 'an' in French. There are two ways:

un for a masculine noun

un	vélo
	copain

une for a feminine noun

une	promenade
	voiture

Note that when talking about someone's job, you do not use an indefinite article in French:

> Je suis secrétaire.
> Mon père est médecin.
> Je voudrais être ingénieur.

If you want to practise using the definite and indefinite articles ask your teacher for exercises 1 and 2 on copymaster 85.

Part 5 The partitive article

How to say 'some' or 'any' in French.
For singular nouns there are three ways:

du for masculine nouns

Encore du	café?
	lait?

de la for feminine nouns

Tu veux de la	confiture?
	soupe?

de l' for masculine or feminine nouns beginning with a vowel or 'h'

Tu voudrais de l'	eau?
	argent?

For plural nouns there is only one way:

des for all nouns

Tu as des frères et des sœurs?
Elle porte des baskets bleues.

After **ne...pas** or **ne...jamais**, use **de** with both singular and plural nouns:

Je ne reçois pas d'argent de poche.
Il n'y a pas de melons.

Part 6 Quantities

How to say a container (eg a tin) or a weight (eg a kilo) of something. In French you use a container/weight + **de** (**d'** for nouns beginning with a vowel or an 'h') + noun.

un bol		chocolat
un kilo		tomates
une boîte	de	petits pois
100 grammes		saucisson
six tranches		jambon
une bouteille	d'	eau minérale
une douzaine		œufs

beaucoup de/d' = a lot, many

beaucoup de	choses à faire
beaucoup d'	amis

plein de/d' = lots of

Il y a	plein d'	activités pour les jeunes.

trop + adjective = too

C'est		loin.
Je suis	trop	fatigué(e).
Il fait		chaud.

trop de/d' + plural noun = too many

J'ai	trop de	devoirs.
Il y a		voitures.

trop de/d' + singular noun = too much

Il y a	trop de	fumée.

trop + verb = too much

J'ai	trop	mangé.

tant de/d' + noun = so much, so many

Il y avait	tant de	choses à faire.

(pas) assez = (not) enough

Je n'ai	pas assez	d'argent.
Il n'y a		de poubelles.

il manque des + plural noun = there is a shortage or lack of

Il manque des	associations sportives.

plus de/d' + noun = more

Il y a	plus de	films à la télé chez nous.

If you want to practise using the partitive article and expressions of quantity ask your teacher for exercise 3 on copymaster 85.

Part 7 Pronouns

Pronouns are used to save time when you are speaking or writing. For example, instead of repeating the name 'Robert' when you've already mentioned him, you can use **il** instead:

Mon copain s'appelle Robert. Il habite à la Guadeloupe. Il a deux sœurs et un frère.

Il is a personal pronoun because it replaces a person. You have already met many others: **je**, **tu**, **elle**, **nous**, **vous**, **ils** and **elles**.

Direct object pronouns: 'le', 'la', 'l'' and 'les'

These also save time when you need to say 'him', 'her', 'it' or 'they'.

Mon copain Robert habite à la Guadeloupe.
Je le vois pendant les vacances.

My friend Robert lives in Guadeloupe. I see *him* in the holidays.

La glace? Ah oui, je l'adore.

Ice cream? Yes, I love *it*.

Lis les noms et les adresses et relie-les.

Read the names and addresses and join *them* up.

If you want to practise using direct object pronouns, ask your teacher for exercise 4 on copymaster 85.

Indirect object pronouns: 'me', 'te', 'lui', 'nous', 'vous' and 'leur'

Similar to direct object pronouns above, these are used when you are talking about doing something *for*, or sending or giving something *to* someone.

Tu lui achètes un cadeau?

Are you buying a present *for him/her?*

Je leur envoie une carte postale.

I'm sending *(to) them* a postcard.

Ça me plaît.

I like that. (That is pleasing *to me*).

Je t'envoie une photo.

I'll send *(to) you* a photo.

En

En means 'some' or 'of them'. It *has to* be used when you end a phrase with a number in French:

Mes grands-parents m'en donnent.
My grandparents give me some.
J'en ai beaucoup.   I've got lots (of them).
J'en prends deux.   I'll have two (of them).

Relative pronouns: 'who' or 'which'

Use **qui** if the word is immediately followed by the verb:

Il y a beaucoup de sortes d'animaux **qui** disparaissent chaque année.
J'aime bien avoir des vêtements **qui** sont justes à ma taille.

Use **que** if there is another noun or pronoun before the verb:

Fais attention aux produits **que** tu achètes.
Les amis **que** je préfère sont honnêtes.

Here, **tu** and **je** come before the next verb, so **que** is used.

Note that **que** often means 'whom'.

If you want to practise using **qui** and **que** ask your teacher for exercise 5 on copymaster 85.

What

When the word 'what' is not part of a question, use the phrase **ce qui** or **ce que**.
If the verb follows immediately, use **ce qui**:

> Ce qui est bien, c'est qu'il y a une piscine.
> Demande à Claire ce qui ne va pas.

If there is another noun or pronoun before the verb, use **ce que** (or **ce qu'** before a vowel):

> Ce que j'aime bien, c'est les activités.
> Je ne sais pas ce qu'on va faire.

Here, **j'** and **on** come before the next verb, so **ce que** is used.

> If you want to practise using **ce qui** and **ce que** ask your teacher for exercise 6 on copymaster 85.

Part 8 Adjectives

Adjectives are words which describe someone or something:

She's *sad*.
He's *French*.

Most adjectives have a different masculine and feminine form. Usually, the feminine form is slightly longer and the ending is pronounced.

The most common pattern of adjective ending is as follows:

masculine singular -	le petit village
feminine singular -**e**	la petit<u>e</u> ville
masculine plural -**s**	les petit<u>s</u> villages
feminine plural -**es**	les petit<u>es</u> villes

Adjectives already ending in -**e** do not add an extra -**e** in the feminine:

masculine	feminine
un appartement moderne	une maison moderne

Adjectives ending in -**eux** in the masculine singular follow this pattern:

masculine singular	le gâteau délici<u>eux</u>
feminine singular	la tarte délici<u>euse</u>
masculine plural	les gâteaux délici<u>eux</u>
feminine plural	les tartes délici<u>euses</u>

Irregular forms

The following adjectives have irregular masculine and feminine forms:

masculine	feminine
beau	belle
blanc	blanche
long	longue
nouveau	nouvelle
vieux	vieille

The position of adjectives

Most adjectives go after the noun they describe:	le film français la jupe blanche

The following adjectives go in front of the noun they describe:

beau	joli	la jeune fille
bon	mauvais	la grande maison
gentil	petit	le petit garçon
grand	premier	le premier prix
jeune	vieux	le bon vieux temps

> If you want to practise using adjectives ask your teacher for exercises 7 and 8 on copymaster 86.

Comparative adjectives

When you want to compare two people, places or things, use **plus** + adjective + **que**.

Il est	plus jeune que	moi.
Jersey est	plus touristique qu'	Avranches.
Les vidéos sont	plus populaires que	les livres.

> If you want to practise using comparative adjectives ask your teacher for exercise 9 on copymaster 86.

'The biggest', 'the oldest', 'the highest' etc.

This is called the superlative. Use **le/la/les** + **plus** + adjective. The adjective has to agree (masculine or feminine, singular or plural) with the noun or pronoun it is describing.

> Le Nil est le fleuve <u>le plus long</u>.
> Pluton est la planète <u>la plus froide</u>.
> Quels sont les animaux <u>les plus menacés</u>?
> Elle achète toujours les marques <u>les plus chères</u>.

If you are using an adjective that usually goes *in front of* the noun, it does the same in the superlative.

> le plus grand canyon
> la plus grande île

If you want to practise using the superlative ask your teacher for exercise 10 on copymaster 86.

Possessive adjectives

How to say 'my', 'your', 'his', 'her', 'our' and 'their'.

	singular		plural
	masculine noun or feminine noun beginning with a vowel or an 'h'	feminine noun	
my	mon	ma	mes
your	ton	ta	tes
his/her/its	son	sa	ses
our	notre	notre	nos
your	votre	votre	vos
their	leur	leur	leurs

Examples:

mon ami	ma sœur	mes copains
ton vélo	ta chambre	tes vêtements
son oncle	sa tante	ses cousins
notre monde	notre planète	nos enfants
votre nom	votre adresse	vos papiers
leur père	leur mère	leurs parents

Note: **Son**, **sa** and **ses** can all mean 'his', 'her' or 'its'. In French there are not separate words for 'his' and 'her'.
Son ami could mean his friend or her friend.
Sa chambre could mean his bedroom or her bedroom.

If you want to practise using possessive adjectives ask your teacher for exercise 11 on copymaster 86.

Demonstrative adjectives

You use demonstrative adjectives to say 'this', 'that', 'these' or 'those'.

Use **ce** for masculine, singular nouns

ce	livre
	garçon

Use **cet** for masculine singular nouns beginning with a vowel or an 'h'

cet	homme
	argent

Use **cette** for feminine, singular nouns

cette	maison
	fille

Use **ces** for all plural nouns

ces	jeunes robes

If you want to practise using demonstrative adjectives ask your teacher for exercise 12 on copymaster 86.

To say 'this one':
Use **celui-ci** if you are talking about a masculine noun.
Use **celle-ci** if you are talking about a feminine noun.

To say 'that one':
Use **celui-là** if you are talking about a masculine noun.
Use **celle-là** if you are talking about a feminine noun.

> C'est combien, ce jean?
> Celui-là, c'est à 350 francs.

> Comment tu trouves les jupes?
> Celle-ci est jolie.

Part 9 Verbs

In English, verbs can have a number of different endings. For example:

> I play
> he play<u>s</u>
> you play<u>ed</u>

In French as in English there are two things that affect the form and ending of a verb:

1 the person we're talking about (I, he, you etc.)
2 the 'tense' or time when the action happened, is happening or is going to happen.

Not all verbs change in exactly the same way. There are three groups of verbs in French:

1 those whose infinitive ends in **-er**, for example **regarder**
2 those whose infinitive ends in **-ir**, for example **finir**
3 all the rest.

To know what endings to use on a particular verb, you need to know which group it belongs to.

The present tense

In English the present tense takes two forms:
I listen to the radio.
I am listening to the radio.

In French there is only one form:
J'<u>écoute</u> la radio.

This means that, for example, **Elle joue au tennis** has two possible meanings:
She plays tennis or *She is playing* tennis.
It is up to you to decide which is the right one for the situation.

Group 1 verbs: -er

Most verbs follow this pattern. They are the Group 1 verbs, whose infinitive ends in **-er**, for example **regarder**.

Je	regarde
Tu	regardes (the **-s** is not pronounced)
Il Elle On	regarde

Nous	regardons
Vous	regardez
Ils Elles	regardent (the **-ent** is not pronounced)

Group 2 verbs: -ir

You have only met a small number of Group 2 verbs so far. Their infinitive ends in **-ir**, for example **finir**. Here is the pattern they follow:

Je	finis (the **-s** is not pronounced)
Tu	finis (the **-s** is not pronounced)
Il Elle On	finit (the **-t** is not pronounced)
Nous	finissons
Vous	finissez
Ils Elles	finissent (the **-ent** is not pronounced)

Group 3 verbs

Most of the other verbs we have met are Group 3 verbs. These do not follow a simple pattern but they tend to have certain things in common:
After **je** the ending is often **-s**, though the **-s** is not pronounced:

Je	prends	le bus.
	fais	de l'équitation.
	reçois	de l'argent de poche.

One or two end in **-x**:

Je	veux	acheter un cadeau.
	peux	téléphoner?

After **tu**, as well, most Group 3 verbs end in **-s**:

Tu	prends	le bus.
	fais	de l'équitation.
	reçois	de l'argent de poche?

One or two end in **-x**:

Tu	veux	acheter un cadeau?
	peux	venir?

After **il**, **elle** and **on**, most Group 3 verbs end in **-t**:

Il	reçoit	de l'argent de poche.
Elle	veut	acheter un cadeau.
On	fait	de l'équitation.

A few end in **-d**:

On	prend	le bus.

After **nous**, virtually all Group 3 verbs end in **-ons**:

Nous	prenons	le bus.
	voulons	acheter un cadeau.
	faisons	de l'équitation.

But note:

Nous	sommes	en France.

After **vous**, virtually all Group 3 verbs end in **-ez**:

Vous	prenez	le bus.
	voulez	acheter un cadeau?

But note:

Vous	faites	de l'équitation?

After **ils** and **elles**, most Group 3 verbs end in **-ent**:

Ils	prennent	le car.
Elles	veulent	acheter un cadeau.

A few end in **-ont**:

Ils	font	partie d'un club.
Elles	vont	en Suisse.

The most important Group 3 verbs you have met so far are listed in full on copymaster 92.

> If you want to practise using the different verb groups ask your teacher for exercises 13 and 14 on copymaster 87.

Reflexive verbs

Do you remember the first verb you learnt in French?
Je m'appelle Nadine.   Tu t'appelles comment?
Verbs like this, with an extra pronoun before them, are called reflexive verbs. They are always listed in vocabularies and dictionaries as follows:
s'amuser to have a good time
se coucher to go to bed
se lever to get up

But the **se** is only used with the **il**, **elle**, **on**, **ils** and **elles** parts of the verb. Look at these examples:
Je me lève à 7 heures.
Je m'ennuie facilement.
Tu t'amuses bien?

Il s'appelle Yann.
On s'entend très bien.
Elles se couchent vers 10 heures.

> If you want to practise using reflexive verbs ask your teacher for exercise 15 on copymaster 87.

Saying or asking whether people LIKE doing something

Use **aimer** + infinitive:

J'aime	être à la mode.
Tu aimes	faire du sport?
Ils aiment	lire.

Saying or asking whether people WANT to do something

Use **vouloir** + infinitive:

Je veux	aller à la piscine.
Tu veux	rester à la maison?
Ils veulent	aller en ville.

Saying or asking whether people CAN do something

Use **pouvoir** + infinitive:

Je peux	téléphoner?
Tu peux	m'aider?
On peut	faire du vélo.

Saying or asking whether people HAVE TO do something

Use **devoir** + infinitive:

Je dois	faire les courses.
Il doit	aller en ville.
Nous devons	rester à la maison.

Other ways of saying what people can or can't, must or mustn't do

Il faut is followed directly by an infinitive:

Il faut payer.	You have to pay.
Il ne faut pas fumer.	You mustn't smoke.

These expresssions are followed by **de** + an infinitive:

On a le droit de voter.	You're allowed to vote.
On n'a pas besoin de travailler.	You don't need to work.
Il est interdit de fumer. ⎱	You're not allowed to smoke./
Il est défendu de fumer. ⎰	Smoking is forbidden.

If you want to practise using verbs followed by the infinitive ask your teacher for exercise 16 on copymaster 87.

Talking about the past

You have met two past tenses in French. They are called the perfect and the imperfect.

The perfect tense

You use this when you want to say or ask what someone did or has done.

The perfect tense with avoir

The perfect tense is made up of two parts. Most verbs have part of the verb **avoir** + a past participle, for example **regardé**, **pris**, **mangé**.

1 (**avoir**)	2 (past participle)	
J'ai	regardé	la télé.
Tu as	mangé	du pain.
Elle a	pris	le train.

The past participles of Group 1 (**-er**) verbs end in **-é**. The past participles of Group 2 (**-ir**) verbs end in **-i**. Those of Group 3 verbs are more unpredictable, though many end in **-u**, **-s** or **-t**. You will need to learn each one as you meet it.

Look at these examples of the perfect tense:

Group 1 (**-er**) verbs
J'ai rencontré mon cousin.
Tu as passé de bonnes vacances?
On a visité les sites.

Group 2 (**-ir**) verbs
Tu as fini tes devoirs?
J'ai choisi.

Group 3 verbs
J'ai pris le train.
Qu'est-ce que tu as vu?
On a fait une promenade.

The perfect tense with être

Some verbs use part of the verb **être** instead of **avoir** to form the perfect tense. You will need to learn which verbs do this. Here are the ones you have met so far. Most of them can be remembered as pairs of opposites:

aller	venir
arriver	partir
entrer	sortir
monter	descendre
rester	
tomber	

Look at these examples:

<u>Je suis parti</u> en vacances.
<u>Tu es arrivé</u> à quelle heure?
<u>Elle est tombée</u> dans l'eau.
<u>Il est venu</u> à vélo.
<u>On est allé</u> au stade.
<u>Nous sommes entrés</u> dans le café.
<u>Vous êtes sortis</u> ensemble?
<u>Ils sont restés</u> à la maison.
<u>Elle sont restées</u> en France.

Notice the extra letters on the past participles after **elle**, **ils** and **elles**.

The rule for these verbs is:

Add **-e**	when referring to someone who is female.
-s	when referring to more than one male (or a group of people with at least one male in it).
-es	when referring to more than one female.

You also add **-e** whenever the **je** or **tu** refers to a female:

Sophie a dit, 'Je suis arrivée à 9h.'
Tu es partie à quelle heure, Sophie?

Summary of Group 3 past participles

Infinitive	meaning	past participle
aller	to go	allé
avoir	to have	eu
boire	to drink	bu
dire	to say, tell	dit
écrire	to write	écrit
être	to be	été
faire	to do, make	fait
lire	to read	lu
mettre	to put, put on	mis
partir	to go away, leave	parti
pouvoir	to be able to, 'can'	pu
prendre	to take	pris
recevoir	to receive, get	reçu
venir	to come	venu
voir	to see	vu
vouloir	to want	voulu

Reflexive verbs

All reflexive verbs (see page 138) form the perfect tense with **être** too:

Je me suis bien amusé(e).
On s'est baigné dans le lac.
Ils se sont disputés.

If you want to practise using the perfect tense ask your teacher for exercises 17–19 on copymaster 88.

The imperfect tense

This is another way of talking about the past. It is used to talk about things that happened *often* or *regularly* in the past:

Tous les jours je jouais avec mes copains.
Pendant les vacances je faisais des randonnées.
Je m'amusais tout seul.
Le matin on travaillait dans le jardin.
Il pleuvait tous les jours.

It is also used to say what someone or something *was* like:

La plage était belle.
Il faisait chaud.
Il y avait une piscine.

The imperfect tense endings are:

Je	-ais
Tu	-ais
Il/elle/on	-ait
Nous	-ions
Vous	-iez
Ils/elles	-aient

To work out what to join these endings on to, take the **nous** part of the present tense of the verb and remove the **-ons**. For example:

verb	(present tense)	(imperfect)
aller	nous allons	j'allais
faire	nous faisons	je faisais
voir	nous voyons	je voyais

If you want to practise using the imperfect tense ask your teacher for exercise 20 on copymaster 88.

Deciding whether to use the perfect or the imperfect tense

This is one of the trickiest things in French grammar. Here is a general rule:

Use the perfect tense if:
you are talking about one particular occasion or event.
J'ai pris le train à Grenoble.
On est allé à la montagne.

Use the imperfect tense if:
1 you are talking about something that *happened a number of times*, or was a *regular event* (in which case there will often be a phrase like **tous les jours**).
Tous les jours je jouais à la plage.
Le soir on allait à la discothèque.

2 you are saying what something *was like*.
Il faisait très beau.
La plage était belle.

3 you want to say how something *used to be*.
Quand j'étais petite j'habitais à Lyon.

If you want to practise using the perfect and the imperfect tenses ask your teacher for exercise 21 on copymaster 89.

Talking about the future

There are two ways of saying what you are going to do or what is going to happen:

1 Part of the verb **aller** + infinitive:
Je vais faire beaucoup de sport.
Tu vas sortir avec tes copains?
Il/elle/on va faire du camping.

2 The future tense. In Stage 3 you have met the future tense of three verbs: **être**, **avoir** and **faire**:
Ça sera bien.
Il y aura une dizaine de personnes.
J'espère qu'il fera beau.

> If you want to practise talking about the future ask your teacher for exercise 22 on copymaster 89.

How to say 'would'

There is not a separate word for 'would' in French. To say 'I would like…' or 'It would be…', you need a special form of the verb you are using. This is called the conditional. These are the endings:

Je	-rais
Tu	-rais
Il/elle/on	-rait
Nous	-rions
vous	-riez
Ils/elles	-raient

J'aimerais aider les gens.
Je voudrais voyager beaucoup.
Mon ami idéal serait beau et drôle.
Il aurait les yeux bruns.

Using the word 'On'

When speaking about a group of people including yourself, or about 'someone' or 'people in general', it is very common to use **on**. After **on** the verb takes the same form as it does after **il** or **elle**:

Qu'est-ce qu'on fait?	What shall we do?
Si on faisait du vélo?	How about going for a bike ride?
On a regardé la télé.	We watched the TV.
On parle français au Québec.	They speak French in Quebec.
Qu'est-ce qu'on t'a offert?	What did they give you?

Asking people to do things

The form of the verb you use when you need to give someone an instruction or ask them to do something is known as 'the imperative'.
When you are talking to a friend or relative, all Group 1 (**-er**) verbs end in **-e**:
Passe le pain, s'il te plaît.
Regarde le dessin.

Most other verbs (Groups 2 and 3) end in **-s**:
Fais attention!
Prends ton stylo.
Ecris-moi bientôt.

When you are talking to more than one person or to an adult, most verbs end in **-ez**:
Ecoutez la cassette.
Versez le lait.
Ajoutez le sel.

A small number end in **-tes**:
Faites vos devoirs.
Dites bonjour.

> If you want to practise telling people to do things ask your teacher for exercise 23 on copymaster 89.

How to say 'not' and 'never'

Saying that you don't do something or that you never do something is known as the negative form of the verb.

Not

To say 'not' you need to put **ne** (or **n'** before a vowel) …**pas** around the verb.

Je	ne	comprends	pas.
Tu	n'	aimes	pas?
Il Elle	ne n'	joue aime	pas. pas.
Nous	ne	restons	pas.
Vous	n'	allez	pas?
Ils Elles	ne n'	jouent arrivent	pas. pas.

> Note: French speakers often drop the **ne/n'** when they are talking, for example:
> **C'est pas vrai!**

The same thing happens in other tenses:

The perfect tense
Je n'ai pas mangé aujourd'hui.
Tu n'as pas fait tes devoirs?
Elle n'est pas partie en vacances.

The imperfect tense
Je ne m'entendais pas très bien avec elle.
Il ne faisait pas chaud.
Ce n'était pas intéressant.

Imperatives
N'oublie pas.
Ne fais pas ça!

Never

To say 'never' you put **ne/n'** …**jamais** around the verb.

Je	ne	prends	jamais	le métro.
	n'	écoute		la musique.

> If you want to practise using the negative ask your teacher for exercise 24 on copymaster 89.

Part 10 Asking questions

The simplest questions are those that can be answered by 'yes' or 'no'. In French there are three ways of asking these simple questions. The easiest way is to form your sentence in the normal way and raise the tone of your voice at the end of the sentence.

C'est dans le nord?
Je peux téléphoner à mes parents?
Il habite un appartement?

The second way of forming these simple questions is to add **est-ce que** or **est-ce qu'** to the start of your sentence:

Est-ce que	c'est la Nationale 20?
Est-ce qu'	il y a un café près d'ici?

The third way of asking questions is to invert the verb – in other words, to turn it back to front:

Tu aimes les fastfoods becomes
Aimes-tu les fastfoods?
Tu veux jouer becomes **Veux-tu jouer?**

Notice the hyphen that is added each time. With **il** and **elle**, to make it easier to pronounce, a **t** is normally inserted too, unless the verb itself ends in one:

Où habite-t-il?
Que pense-t-elle?
but
Que fait-il?

Other types of questions in English begin with words like 'how much/many', 'what', 'how', 'where', 'when' and 'who'. Notice how common inversions are in this type of question.

combien de? = how much? how many?

Tu as Il y a	combien de	frères et sœurs? crayons?

C'est Ça coûte	combien?

comment? = what? how?

Tu t'appelles Ça s'écrit	comment?

Comment	vas-tu? serait ta ville idéale?

où? = where?

Où	est la piscine? se trouve Calais?

quand? = when?

C'est quand	ton anniversaire? le match?

que? = what?

Que	penses-tu des marques? fais-tu le week-end?

qu'est-ce que/qu'est-ce qu'? = what?

Qu'est-ce que	cela veut dire?
	tu fais pour aider à maison?
Qu'est-ce qu'	on fait après le match?

quel? quelle? = what? which?

| Quel | est ton numéro de téléphone? |

| Quelle | est ton adresse? |
| | est la date aujourd'hui? |

| Tu habites à | quel | étage? |
| C'est | | train? |

| C'est | quelle | marque? |
| | | ligne? |

lequel? laquelle? = which one?

| Regarde ces vélos. | Lequel préfères-tu? |
| Voici les clefs. | Laquelle est à toi? |

quel âge? = how old?

| Tu as | quel âge? | Quel âge | a-t-elle? |
| Il a | | | |

à quelle heure? = at what time?

| A quelle heure | est-ce que tu te lèves? |

qui? = who?

| Qui | parle? |
| | fait partie d'un club? |

pour qui? = who for?

| C'est | pour qui? |

If you want to practise using questions, ask your teacher for exercise 25 on copymaster 89.

Part 11 Prepositions

Prepositions are words that say where things are or where things take place.

I'll meet you *at* the swimming pool.
See you *in* the park.
Is that my pen *on* the floor?

à la, au, à l', à = at, in, to

| Use **à la** for feminine nouns | à la | campagne |
| | | maison |

| Use **au** for masculine nouns | au | café |
| | | collège |

| Use **à l'** for all nouns beginning with a vowel or 'h' | à l' | école |
| | | hôpital |

Use **au … étage** to mean 'on the … floor', for example: **au cinquième étage.**

| Use **à** for towns | à | Paris |
| | | Pointe-à-Pitre |

au bout de/du/d' = at the end of

au bout	de	la route
	du	couloir
	d'	une piste

à côté de/du/d' = next to

à côté	de	la cuisine
	du	parc
	d'	une rivière

au bord de/du/d' = on the side of, on the edge of

au bord	de	la mer
	du	lac
	d'	une piste

au-dessus de = above

| C'est | au-dessus de | la farine. |

à droite/gauche = on the right/left

| Tournez | à droite. |
| Prenez | à gauche. |

| C'est | à droite | de la poste. |
| | à gauche | |

à ... kilomètres de = ... kilometres from

Elle habite Il se trouve	à 50 kilomètres de	Paris. Lyon.

au nord/sud de = to the north/south of

Brazzaville est situé	au sud de	l'équateur.

chez = at somebody's house/shop/business

chez	moi toi elle lui nous vous eux

chez	Anne le dentiste les Heuland

dans = in

dans	la chambre un lotissement

dehors = outside

elle joue	dehors

derrière = behind

derrière	le parc la porte

devant = in front of, outside

devant	la gare le cinéma

en = in

en	Côte d'Ivoire centre-ville français

en face/en face de/face à = opposite

C'est ma chambre	en face.

Le sucre est	en face du	lait.

Le chalet est	face au	Mont Blanc.

entre = between

entre	Dieppe et Lyon.

juste en dessous = just below

Il habite	juste en dessous.

(non) loin de = (not) far from
assez loin de = quite a long way from

loin non loin assez loin	du stade de la mer du centre-ville

près de/du/d' = near to

près	de du d'	la gare port une banque

Note: **tout près** = very close.

sur = on, onto

Ton pull est Brazzaville se trouve	sur	la chaise. la côte Atlantique.

y = there

Je voulais	y	rester.

vers = towards

vers	le nord de la France

If you want to practise using prepositions, ask your teacher for exercise 26 on copymaster 89.

Part 12 Saying when things take place

Telling the time

Quelle heure est-il?

Il est	une deux	heure. heures.

at + time

Je pars	à	sept heures.

quarter past, half past and quarter to ...

Il est	une heure	et quart. et demie. moins le quart.

... minutes past the hour

Il est	une heure	douze. vingt-cinq.

... minutes to the hour

Il est	trois heures	moins	douze. vingt-cinq.

(half past) midday/midnight

Il est	midi minuit	(et demi).

giving approximate times

vers	une heure neuf heures et demie

Days, months and years

Quelle est la date?

C'est le	premier vingt	mai. juin.

on letters and homework

lundi, vendredi,	premier cinq	juillet décembre

morning, afternoon and evening = matin, après-midi and soir

Il est	trois heures quatre heures dix heures	du matin. de l'après-midi. du soir.

this morning/aftenoon/evening

Ce matin	je me suis levé(e) à 7 heures.
Cet après-midi	je suis allé(e) en ville.
Ce soir	je vais faire mes devoirs.

in the morning/afternoon/evening

Le matin	je me lève tôt.
L'après-midi	je suis allé(e) à la piscine.
Le soir	on est allé au restaurant.

on ... morning/afternoon/evening

Mardi matin	je vais à piscine.
Lundi après-midi	il est allé au cinéma.
Jeudi soir	elle joue au basket.

tomorrow = demain

demain	matin

yesterday = hier

hier	soir

last + day/week/month/year

Lundi Le mois L'an	dernier	c'était mon anniversaire. je suis parti(e) en vacances. j'ai gagné un prix.

La semaine L'année	dernière	il est allé à la patinoire. je suis allé(e) en France.

in + month/year

en	janvier mars 1815

in + season

au	printemps

en	été automne hiver

during = pendant

pendant	les vacances

immediately = tout de suite

On rentre	tout de suite

ago = il y a

il y a	deux heures trois jours une semaine un mois un an

Saying how often things happen

Je joue On part	une fois par mois. deux fois par an.

On y va	tout le temps. toute l'année. tous les jours. toutes les semaines.

1 C'ETAIT EXTRA!

Non merci
Match the drawings to the correct texts.

Vacances
Look at this example.
Now do the same with the word VACANCES.

Qu'est-ce qu'il y a à Ste Anne?
Look at this sign in Guadeloupe. Write a list for British tourists of what facilities there are at Ste Anne.

Sens ou non-sens?
Read the following sentences and decide which make sense and which are nonsense.

Que suis-je?
What am I?

De préférence
What are the most important aspects of a holiday for you? Write out these sentences in order of your personal preferences. Start with the most important aspect.

Vacances en Europe
Four teenagers, Somala, Didier, Nathalie and Yannick went on holiday. Each went to a different place. Read the information provided and work out who went to which country and who went to the seaside, who went to the countryside, who went to a 'colonie de vacances' and who went into the mountains.

Au contraire
Mr Chambaud, Virginie and Mrs Coste went to different holiday locations last year. They were all very happy with the holidays they had. Mr Rigal, Emmanuelle and the Fabre family went to the same three holiday locations as Mr Chambaud, Virginie and Mrs Coste, but they weren't at all happy. Which people went to the same holiday locations? Try to find the matching pairs – one happy and one unhappy.

Opinion ou fait?
Read the sentences below and put them into two lists, one for opinions the other for facts.

2 AU BOULOT

C'est qui?
This is how six teenagers spend their money. Write down who is speaking each time.

Who has been missed out? Write down what that person would say.

Je voudrais être
Write down what each teenager would like to be.

Argent de poche
These are the amounts of pocket money that Elsa, Maryse, Julien, Maxime and Tristan get each week. Who gets what?

Trouve l'intrus
Spot the odd-one-out.

Opinions opposées
Find the pairs of sentences which are opposite in meaning to each other.

Je reçois huit dollars canadiens
Here are extracts from four letters written by young people from Quebec. Read them and answer the questions below.

Question-réponse
Here are some answers (on the left). What were the questions which prompted them (on the right)?

3 QUE C'EST BON!

Chez Macdo
Write down the first letter of each drawing to discover the missing word. Make up some of your own to test your friends, for example: 'hamburger', 'supermarché', 'santé'.

Trouve les partenaires
Find the matching pairs.

Ça y est!
Match the drawings to the texts.

Marchand ou client?
Read the sentences. Who says these things? Customers or market stallholders? Write out the sentences under two columns, headed 'Marchand' (for stallholders) and 'Client' (for customers).

On a le choix
Write out these sentences in full, replacing the gaps with the correct adjectives.

A la boulangerie
Rewrite this jumbled conversation in the correct order.

Ballade des courses
Read the poem and find the rhyming words to fill the blank spaces.

Au fast
Read the text and choose the correct adjective to complete each sentence.

J'adore les animaux
I love animals. Who or what am I?

4 NOTRE MONDE

Débrouille les phrases
Write out these jumbled sentences correctly.

Trouve le contraire
Read the sentences and find the pairs opposite in meaning to each other.

Cherche l'intrus
Spot the odd-one-out.

Les îles flottantes
Look at the islands and answer the questions.

Eco-conséquences
Find the consequence for the environment of each ecological problem. Choose the right letters.

L'effet de serre
Write out the text in full, filling in the gaps using the words below.

Terminaisons
Find the right ending for each group of words.
Try to find another word for each group.

5 ÇA ROULE

Au secours!
Write out the text in full replacing the drawings with the words below.

Défendu
Look closely at the signs and write down what is forbidden each time.

Les routes qui riment
Copy the poem and complete it with the rhyming roads.

Vrai ou faux?
True or false?

C'est interdit
Write out the sentences in full, filling the gaps with the words below.

L'autoroute
Copy out the text and use the words below to fill in the gaps.

Ça veut dire quoi?
Match the slogans to the definitions.

Une vie de chien!
There are lots of things a dog is not allowed to do. Write a sentence to describe each drawing.

6 VIVEMENT LES VACANCES!

Vacances sur la Côte Atlantique
Look at these publicity leaflets. Which hotel or campsite will be best for the people in **1** to **6** below?

On parle de quoi?
Each of these statements is about a campsite, an hotel, a gîte or a 'colonie de vacances'. Which is which?

Casse-tête
Read what these young people say and decide
a) who is speaking
b) how many went to the youth hostel and how many went camping.

Dialogue au camping
Rewrite this conversation in the correct order.

Définitions
Read these definitions and find the right word to match each one.

Ecris les mots dans le bon ordre
Write these sentences in the correct order to describe each drawing.

La Rivière-Enverse
Read the text, copy the sentences below and fill in the gaps.

7 ET MOI, ALORS?

En bref
Make up sentences to describe each person. Use the table below.

Tout est relatif
Match the drawings to the texts.

Cherche l'intrus
Spot the odd-one-out.

Disputes
This class (4ème) carried out a survey on family arguments. The answers they received were put under these headings.
Here are some of the answers. Which headings should they come under?

Magasins de vêtements
Match the texts to the photographs.

L'adjectif juste
Look at the list on the right and find the correct adjective to describe each person.

Poème des grandes marques
Write out this poem, filling in the gaps with appropriate words. Look at page 110, if you need help.

8 PROJETS D'ETE

Pendant les vacances
Write out these sentences in full, filling in the gaps using the words on the right.

Qui dit ca?
Who, in your opinion, is speaking here? A teenager or one of the 'colonie' monitors?

C'est quelle activité?
Write down what activity is shown in these photos.

Qui parle?
Look at the diagram and decide who is talking.

Casse-tête
Each of these four friends did two activities at the holiday centre. Who did what?

Colo cool
Make up your own advertisements for a 'colonie de vacances'.

Synonymes
Choose one of the three expressions on the right to replace the expression in red in each of these sentences.

Lettre de l'Ardèche
A Imagine you are Séverine. Read her letter then answer the questions.

B What is she talking about here?

A

à cause de because of
à certaines conditions under certain conditions
à cinq minutes five minutes away
à clef locked
à côté de beside
à l'aise relaxed, at ease
à l'étranger abroad
à l'intérieur inside
à la mode in fashion
à nouveau again
à part cela apart from that, otherwise
à perte de vue as far as the eye can see
à plat flat (battery)
à propos de concerning, about
à proximité nearby
à qui la faute? whose fault is it?
à six heures pile dead on six o'clock
à toute vitesse as fast as possible
d' abord first of all
un abricot apricot
abriter to shelter
accès à la plage access to the beach
d' accord agreed, okay
l' accueil welcome, reception
accueilli accommodated, received
accueillir to welcome, receive
accueillir la vie to sustain life
l' acide sulfurique sulphuric acid
admis admitted, allowed
une agglomération built-up area
agir to do, to act
agréable pleasant
agressif, agressive aggressive
aient en commun have in common
d' ailleurs besides, what's more
une algue seaweed
l' alimentation food
alimenter to feed
nous allions we went, we used to go
en amont de above, uphill from
un anachronisme anachronism, person or event put into the wrong period of time
les ancêtres ancestors
un animateur someone who inspires or makes things happen
les apparences appearances
apprécier to appreciate, to value
apprendre à to learn to
un apprentissage apprenticeship
un arbre fruitier fruit tree
un arme weapon
s' arrêter to stop

il arrive que what happens is
arroser to water
un artichaut artichoke
des articles décoratifs trinkets, ornaments
tu as du mal à you find it hard to
un ascenseur elevator, lift
tu aspires à you hope to
assez enough
j'en ai assez I'm fed up with it
assuré assured, insured
attirer les clients to attract customers
une auberge de jeunesse youth hostel
les aubergistes youth hostel wardens
aucune végétation ne pousse nothing grows
audacieux, audacieuse daring, bold
augmentera will increase
aussi difficile que as difficult as
autant que as much as
autoritaire bossy
Autriche Austria
av. J-C BC
av(ant) Jésus-Christ Before Christ
avant de partir before leaving
avare greedy, mean
l' avenir the future
un avion plane
un avocat avocado pear
avoir la possibilité de faire to have the chance to do
avoir peur to be afraid
j' aurai I'll have
j' aurai quatorze ans I'll be 14

B

un bac à laver washbasin (at a campsite)
un bac à sable sandpit/sandbox
une baie bay (on the shore)
la baignade bathing, swimming
je me baignais I used to go swimming
Balance Libra
une balançoire swing
une baleine whale
des bambous bamboo plants
un bananier banana tree
une bande de mer a strip of sea
baptisé baptised, named
une barquette de fraises punnet of strawberries
un barrage dam, reservoir
le/la plus bas(se) the lowest
des batailles à mener battles to fight
battre to beat, to hit

battu beaten, flattened
Bélier Aries
le bhojpouri dialect of Bihar, Northeastern India
bien sûr of course
la bienvenue welcome
biodégradable biodegradable
blessé(e) wounded, injured
un bloc sanitaire washblock at a campsite
bobo (child's word for) pain, small scratch or bruise
au bord de beside
borde runs alongside
bordé bordered
une botte de radis bunch of radishes
la bouche mouth
bouché blocked
bouilli boiled
une boulangère (female) baker
un petit boulot à côté a little job on the side, part-time
bousculer to barge, jostle
un bout d'ongle nail clipping
branché switched on, up-to-date
un branchement électrique connection to electricity supply
un brevet de natation swimming certificate
le bronzage sunbathing, getting a suntan
un brossage brushing (teeth, etc.)
brossez-vous les dents brush your teeth
je me suis brouillé avec I fell out with
un bruit noise
en brûlant burning
bruyant(e) noisy

C

Ça me tuait! It was a killer! It was a scream!
ça ne revient pas cher aux parents it works out not too expensive for the parents
caché hidden
un caissier, une caissière cashier, person at checkout
j'ai calé I've stalled
le calme peace and quiet
un camion lorry
un camp spatial space camp
canaque Kanak (native of New Caledonia)
la canne à sucre sugar cane
une cannette can, tin
le canoë-kayak canoeing
un cap cape, headland on shore
la carbone carbon

le carburant fuel, petrol
carrément simply, straightforwardly
une carrière career
une carte bancaire credit card
dans ce cas in that case
un casse-croûte snack
une casserole saucepan
en caoutchouc (made of) rubber
ce dont il a besoin what he needs
la ceinture verte green belt, protected areas of land
cela fait cinq ans que it's five years since
célèbre famous
celle-là, celui-là that one
des centaines d'années hundreds of years
une centrale nucléaire nuclear power station
la chaleur heat
un champignon mushroom
les champs de canne cane fields
chanceux lucky, fortunate
chanter to sing
la charcuterie delicatessen, cold cuts of cooked meats
un chariot supermarket trolley
un chauffeur de poids lourd HGV driver
un chemisier blouse
un chéquier chequebook
le cheval horse
chez des parents (staying) with relatives
chimique chemical
chinois(e) chinese
au chômage redundant, unemployed
chouette great
les chrétiens Christians
une chute d'eau waterfall
claquez la langue click with your tongue
une classe de neige skiing lesson
classer to classify, put in order
le climat climate
le cœur heart
un coiffeur, une coiffeuse hairdresser
une colline hill
combien de temps? how long?
un comédien actor
comme je voulais as I wished
les commerces (local) shops and businesses
une commune parish (council), community
complet full, no vacancies
vous comptez rester you are planning on staying
un concours competition
conduire to drive, to lead

la conduite à gauche driving on the left
la confiance trust, confidence
la confiance en soi self-confidence
le confort comfort
un congélateur freezer
connu(e) known
conquérir to defeat, conquer
consiste à consists in
constamment constantly
les gros constructeurs d'automobiles major car manufacturers
construit nos os et nos dents builds up our bones and teeth
un conteneur container, recycling bin
contient contains
au contraire on the contrary
les conventions sociales social customs, accepted behaviour
la corde de rappel safety rope
correcte proper
la côte coast
de l'autre côté on the other side/hand
une côtelette d'agneau lamb chop
la couche d'ozone ozone layer
couler to flow
un coup de téléphone telephone call
le courant (air/water) current
courir to run
un cours d'initiation introductory course, induction
un cours de natation swiming lesson
faire les courses to go shopping
court short
une coutume custom
un couvre-feu curfew
créé created
le créole creole (language and people)
crevé flat, dead
un cri shout, cry
la croissance growth
croustillant crusty, crisp
cru raw
cueillait was gathering, was picking
cueillir to pick
une cuillère à soupe soup spoon
cuit cooked
cultivé grown
curieux curious, inquisitive
un cyclomoteur moped
un cygne swan

un dauphin dolphin
au début at the beginning
les déchets nucléaires nuclear fallout/waste

des déchets toxiques toxic waste
décontracté(e) relaxed, laid back
découvert discovered
décrit le mieux best describes
(ils) décrivent (they) describe
défense de forbidden to
le défi challenge
au défi de in the face of
défiler to file/march past
se défouler to unwind, to let off steam
dégoûte disgusts
déguster to taste, to sample
(au) dehors outside
je me demande I wonder
démarrer to set off, to drive off
le déneigement snow-clearing
le dépannage breakdown service
le dépassement (de la peur) overcoming (fear)
dépasser to go beyond/past
se déplacer to travel
déposer to set down (a traveller)
depuis onze heures since 11 o'clock, for 11 hours
dérivé de derived from, which comes from
dès since, starting from
la descente descent, way down
désolé(e) sorry
désordonné disorganised
en dessous de below, beneath
le destin destiny
on détruit they destroy
un deux-roues a two-wheeled vehicle, motorcycle
devant in front of
dirait would say
un directeur, une directrice manager, leader, Headteacher
dirige directs, manages
la disparition disappearance
une dispute argument
une dizaine about ten
donnait sur looked out onto
donnent la viande (they) provide meat
dont whose, of which
un dortoir dormitory
doubler to overtake
une douche shower
doux soft, mild, pleasant
il fait doux it's mild (weather)
une douzaine dozen
le droit right, entitlement
dû au due to

l' éclairage lighting
écrirait would write

en **effet** in fact

l' **effet de serre** greenhouse effect

effrayant frightening, terrifying

cela/ça m'est **égal** it doesn't make any difference to me

égoïste selfish

un **élan** flourish, impetus, momentum

s' **élancent** soar

éloigné distant, far away

l' **emballage** wrapping, packaging

emballé packaged, wrapped up

embête irritates, annoys, concerns

embêté irritated, annoyed, concerned

un **embouteillage** traffic jam, bottleneck

émettent emit, let out

une **émission** programme, broadcast

emmener to take/transport someone

un **emplacement** place/pitch (on a campsite)

empoisonné poisoned

encadré par supported/set up by

l' **encadrement** supervision, support

des **endives** chicory

s' **endormir** to fall asleep

un **endroit** place

énergiquement energetically

l' **enfance** childhood

Il est d' **enfer** It's crazy! Cool!

enfermé shut in

des **engrais** fertilizers

je m' **ennuie** I'm bored, I become bored

enregistrer to record

les **enseignants** teachers

l' **enseignement** education, teaching

je m' **entends bien avec** I get on well with

enterré buried

entouré de surrounded by

les **entrailles (de la terre)** bowels of the earth

entre eux between themselves

j'ai **envie de** I want to

éparpillé scattered

des **épinards** spinach

épuiser to exhaust

en **équilibre** balanced

équilibré balanced

un **équipage** crew

en **équipe** in a team

les **équipements** amenities

l' **équitation** horse-riding

l' **escalade** climbing

un **esclave** slave

les **espèces rares** rare breeds

l' **essence** petrol

l' **essentiel** the most important point, essential

essuyer to wipe

est né was born

un **étang** large pond, pool

en bon **état** in good condition

a **été** has been, was

éteindre to put out, extinguish

une **étiquette** label

une **étoile** star

étroitement closely, narrowly

tu **éviteras** you will avoid

évocateur evocative, conjuring up

une **expérience** experiment

expérimenté experienced

l' **exploitation** exploitation

s' **exprime** is expressed, expresses him/herself

la **fabrication de meubles** furniture-making

fabriqué made, produced

la **face** side

facilement easily

la meilleure **façon** the best way

un **facteur** postman

faible weak

la **faim** hunger

Qu'est-ce que j'ai **faim!** I'm starving!

faire des économies to save (money)

faire du feu to light a fire

faire la queue to queue

faire un tour to go for a walk/drive around

on se **fait des amis** you make friends

faites chauffer heat up

faites le plein fill the tank (with petrol)

ne vous en **faites pas** don't worry about it

une **falaise-école** cliff-face for beginners learning to climb

un **fantôme** ghost

farouche wild, untamed

au **fastfood** in a fastfood restaurant

fatigant tiring

il **faut que** what must happen is that

en **faveur** in favour

une **femme** woman, wife

une **ferme** farm

on faisait la **fête** we used to celebrate/have a good time

fichu finished, no use

fidèle faithful, loyal

Figure-toi des vacances comme ça! Just imagine what these holidays are like!

un **filet** net

un **fleuve** main river

une **fois en l'air** once in the air

foncé deep (of colour)

à **fond** thoroughly, as far as possible

au **fond** to the end/bottom/back

fondu melted

la **fonte des glaces polaires** melting of the polar ice caps

forcément necessarily, inevitably

fort(e) strong

fou mad, crazy

fournir un certificat to provide a certificate

le **frein** brake

freine brakes

des **friandises** sweets, sweet things

le **fric** money (*slang*)

bien **fringué** well-dressed (*slang*)

frissonné shuddered, shivered

une **fusée** rocket

du **gâchis** waste, mess

gagner du temps to gain some time

un **galet** large pebble

une **galette** savoury pancake

un **gardien d'immeuble** caretaker in a block of flats

garer to park

la **gastronomie** appreciation of good food

un **gâteau-piments** spicy cake

des **gaz CFC** CFC gases

le **gaz carbonique** carbon dioxide

le **gaz échappement** exhaust gases

le **gaz naturel** natural gas

géant giant

Gémeaux Gemini

gêne gets in the way, prevents, spoils

génial(e) brilliant, great, terrific

un **genre** sort, kind, type

les **gens du coin** locals

un **gilet de sauvetage** life jacket

un **gîte** country cottage for holiday rental
gonflé inflated, puffed up, cheeky
gonflez blow up, inflate
le **goût** taste
une **goutte** drop (of water, etc.)
la **graisse** grease, fat
graisser to grease
les **grandes surfaces** major retail stores and supermarkets
un **graphique** graph
gratuit free of charge
grave serious
gravir to scale, to climb
grecque Greek
grignoter to nibble
grimpait climbed, was climbing
grimper to climb
grossir to get fatter, to put on weight
une **grotte** cave, grotto, pothole

les **habits** clothes
d' **habitude** usually
une **habitude** habit
une **haie de bambous** a bamboo hedge
hanté haunted
en **haut** up there
hébergé lodged, put up, accommodated
l' **herbe** grass
les **heures d'ouverture** opening times
les **hindous** Hindus
l' **huile** oil

ignorer to know nothing about, to ignore
des **importations** imports
n' **importe quel** no matter which, any
l' **impulsivité** impulsiveness
un **incendie de forêt** forest fire
incertain unsure
incolore colourless
l' **inconvénient** disadvantage, drawback
incroyable unbelievable
indispensable essential
une **infirmière** nurse
(stage d') **informatique** computer course
une **infraction** (illegal) offence
un **ingénieur** engineer
inodore odourless
une **inondation** flood

inoubliable unforgettable
tu m' **inquiètes** you worry me, you make me anxious
instable unstable
interdit forbidden

la **joue** cheek
joue des tours plays tricks
jugé judged
jusqu'à until
juste à la taille close-fitting, snug
juste avant just before
juteux juicy

là there
la **laine** wool
laissez reposer leave standing
le **lancement** launch (rocket/spaceship)
se **lancer** to throw yourself, to launch
la **langue** language
de **large** wide
les **lavabos** washbasins
des **letchis** lychees
la **lèvre** lip
au **lieu de** instead of
Lion Leo
lisse smooth, consistent
un **lit** bed
la **livre** pound (weight)
la **loi** law
dans le **lointain** in the distance
il y a **longtemps que** for a long time
lors de outside, beyond
une **louche** ladle
louer to rent/hire

une **machine à laver** washing machine
macho macho, hard
les **magasins** shops
magnifique magnificent
un **maître** master
malgré despite
malheureusement unfortunately
manger to eat
des **mangues** mangoes
tu **manques** you lack, you are missing
le **marché aux puces** flea market
marchent au gaz run on gas
la **marée noire** oil slicks
la **marque** brand name
marrant funny, amusing

j'en ai marre I'm sick of it (*slang*)
la **matière grasse** fat content
au **petit matin** in the small hours
mauricien from Mauritius
un **mec** guy, bloke (*slang*)
un **mécanicien** mechanic
le **meilleur** best
en **mélangeant** mixing
menacé threatened
le **menu fixe** set menu
Mercure Mercury
le **mercure** mercury
dans la **mesure** to the extent
un **métal lourd** heavy metal
un **métier** occupation
mettre du temps à spend time on
les **meubles** furniture
mi-ombragé half in the shade
le **miel** honey
mieux better
mignon sweet, nice, adorable
des **milliers d'années** thousands of years
ma **mob(ylette)** my moped
moche ugly, nasty, unpleasant
au **moins** at least
même les **moniteurs** even the assistants/instructors
monotone monotonous
la **montée** ascent
monter un spectacle to set up a performance/show
se **moquent de moi** poke fun at me
un **morceau** piece
le **mot de passe** password
un **moteur** engine
mou soft
mouillé wet
moyens (de transport) means of transport
le **mur** wall
mûr(e) ripe, mature
musclé with well-developed muscles
les **musulmans** Muslims

nager to swim
ne ... ni ... ni neither ... nor ... nor
ne ... que only
je suis **né** I was born
négocier les prix to negotiate prices
la **neige** snow
nocif harmful
noircit blackens
les **noix** walnuts
non loin de not far from
le **non-port du casque** failure to wear a helmet

la nourriture food
un nuage cloud
nuisible harmful

obligé obliged
occupe takes up, occupies
Mon œil! My eye! You must be joking!
un oiseau bird
un opérateur sur ordinateur computer operator
ouest west
un ouvrier, une ouvrière factory worker

un pain de campagne country loaf
un palmier palm tree
un pamplemousse grapefruit
en panne broken down
un panneau touristique tourist information sign
le parapente paragliding
par conséquent as a result
par hasard by chance
par là that way
par nuit by night
par terre on the ground
un parc régional country park
parcouru covered (distance)
un pare-brise windscreen
parfois sometimes
le partage sharing out
partout everywhere
pas grand'chose not much
pas mal de quite a lot
un passager passenger
passer son permis to take one's driving test
passionné passionate, extremely enthusiastic
la pâte (à crêpes) pastry, (pancake mix)
les pâturages pasture, grazing area
la paye pay
un paysan peasant, country dweller
la peau skin
la pêche industrielle industrial fishing
pêcher to fish
se peigne combs his/her hair
la pelouse lawn, grass
pendant les deux semaines où during the two weeks when
pensant à thinking of
la pente slope

pépé grandad
perché perched
perdu lost
le périphérique ring road, bypass
permet allows, permits
persévérant persevering, determined
du persil parsley
un personnage historique famous historical figure
petit à petit little by little
un petit pain bread roll
le pétrole (crude) oil
un pétrolier oil tanker
un peu de place a little space
la peur fear
physiquement physically
la pièce room, piece, each
une pile rechargeable rechargeable battery
une pincée pinch (of salt, etc.)
une piscine swimming pool
une piste track, trail, slope
le plafond ceiling
se plaignait used to complain
la plainte du muezzin muezzin (Muslim official) calling the faithful to prayers
plairait would please
plaire to please, to be pleasing
(activité de) plaisance leisure (activity)
le plaisir pleasure
la planche à voile windsurfing
planifier to plan
plat flat
plein de place lots of space
la pleine lune full moon
pleinement fully
le plomb lead
un plombier plumber
la plongée diving
plongent dive, plunge
la pluie acide acid rain
les pluies rains
en plus in addition
plusieurs fois several times
Pluton Pluto
pluvieux rainy
un pneu tyre
la poêle frying pan
un poêle à gaz gas stove
la poésie poetry
Poissons Pisces
une pompe (à gaz) gas pump
ponctué punctuated, dotted with
le poney pony
se pose settles, comes down
possèdent possess
le pouce thumb
pousser to push, to grow
une prairie meadow

prendre le temps de take the time to
tout près nearby
pressé in a hurry
prévoir to foresee, to plan for
la prière prayer
les Anglais ont pris l'île aux Français the English took the island from the French
une prise électrique electric socket
privé private
posent un problème pose a problem
proche near
des produits agricoles farm produce
profil profile
profiter de to benefit from
prolonger to extend, to prolong
la propreté cleanliness
protège protects
les protéines proteins
provoquent cause, provoke
prudent careful
la publicité advertisement
un puits well (water, etc.)

quant au travail as far as work is concerned
quelque chose de nouveau something new
quelque part somewhere or other
quelqu'un d'autre somebody else
Qu'est-ce que vous avez comme moto? What sort of motorbike have you got?
quotidien daily

un rabais reduction (in price)
un raccourci short cut
un radiateur radiator
la radioactivité radioactivity
raisonnable sensible, reasonable
le ramassage scolaire school bus service
rancunier spiteful
une randonnée walk, hike
une randonnée à vélo cycle ride
un randonneur walker, hiker
rangé tidied away, put in place
râpé grated
rarement rarely, seldom
raté missed (*slang*)

se ravitailler to stock up (with food)
le rayon department, section, shelf
les rayons ultraviolets ultraviolet rays
une recette recipe
se réchauffer to warm up
reçoivent receive
le record mondial world record
recouvert de covered in
le recyclage recycling
rédige draft, write
réfléchir to think, to reflect
un régime diet
régler to operate, to regulate
régulièrement regularly
la reine queen
rejoindre to rejoin, to reconnect
remporter des victoires to win victories
rendra ... populaire will make ... popular
rendre visite à to visit (people)
je renonce I give up
la rentrée start of a new school term/year
je le répartis I spread it out
repliez fold back
un requin shark
le réseau aquatique water system, water table
une réserve nature reserve
un réservoir reservoir, fuel tank
une résidence secondaire holiday/second home
ressemblent à look like, resemble
une ressource resource
il nous reste we have remaining/left
retombent come down again
le retour return
retournez go back, return
la retraite retirement
réussir to succeed
de rêve ideal, dream
un réveil alarm clock
(ils) rêvent de (they) dream about
rêveur, reveuse dreamy
rien de plus simple nothing simpler
rien de spécial nothing special
rien du tout nothing at all
rigoler to laugh, to have a joke
rincez-vous la bouche rinse out your mouth
me fait rire makes me laugh
le risque risk
risquent de might end up
le riz rice
un robinet tap (water, etc.)
un rocher rock

rôti roast
une roupie rupee
un ruisseau stream
le rythme rhythm

un sac à dos rucksack
un sacré tempérament amazing temperament
Sagittaire Sagittarius
sain healthy
salé salted
salissant dirty, soiling
salit makes dirty
la salive saliva, spit
sans arrêt without stopping
sans permis without a licence
sans plomb leadfree
la santé health
bien sapé well-dressed (*slang*)
sauf except
la savane savannah
la saveur flavour, savour
le savon soap
Scorpion Scorpio
sec dry
la sécheresse drought
je me sens bien dans ma peau I feel at ease with myself
sensible sensitive
sensuel(le) sensual, pleasure-loving
ça sent mauvais that smells bad
sera will be
on sera six there'll be six of us
sérieuse, sérieux serious-minded
serré tight(-fitting)
si seulement if only
le siècle century
sifflez whistle
un signe du zodiaque sign of the zodiac
silencieux silent
sinon otherwise, if not
se situe is situated
le soda sparkling soft drink
soi oneself
le soir evening
sois be
les soldes sales
un souci care, worry
soudain suddenly
sous under
sous bois in the woods
sous les étoiles in the open air at night
le sous-sol basement
de grands spectacles major events/shows

la spéléo(logie) caving, potholing
les sports aquatiques water sports
un stage course (of study)
du steak hâché minced beef
stressant stressful
sucré sugared, sweetened
des sucreries sweet things
suffisamment enough
il suffit que it's enough to
suivi followed
du super 4 star petrol
la superficie area, surface
sûrement surely, definitely
surtout above all
surveiller to oversee, supervise
susceptible touchy, vulnerable

le tabac tobacco
un tableau table, painting, board
tant mieux so much the better
tant pis so much the worse
tantôt ... tantôt now ... now
tape hits
taquine teases
au plus tard at the latest
Taureau Taurus
tel que such as
tellement de choses so many things
le bon vieux temps the good old days
en même temps at the same time
tenir to hold
une terminaison ending
un terrain de boules pitch for a game of bowls
la Terre Earth
terrible terrible, terrific
tiède lukewarm, tepid
un tiers third
timide shy
un toboggan géant giant (water) slide
toléré tolerated
en tombant falling
je suis tombé(e) I fell down
je tonds le gazon I mow the lawn
je me suis tordu la cheville I've twisted my ankle
la tour tower
un tour à vélo bike ride
un tournoi de tennis tennis tournament
tout au nord right in the north
tout le monde everybody
des traces d'avion aeroplane vapour trails
je traîne I hang around

traire les vaches to milk the cows
traitent treat
un trajet journey
une tranche slice
transpirent sweat, perspire, give out
le transport en commun public transport
le travail work
travailler la terre to work the soil
travailleur, travailleuse hardworking
des travaux (road) works
à travers across
traverser to cross
tremblé trembled, shuddered
trempé soaked, dipped
trempent soak, dip
une tribu tribe
trier to sort
le trimestre (school) term
une tronçonneuse chainsaw
des troupeaux flocks, herds
se trouve is (to be found)
tue kills
il s'est tué he was killed

use wears out
une usine factory
l' utilisation use of
utiliser to use

vacanciers francophones holidaymakers in French-speaking countries
vachement extremely, amazingly (*slang*)
la vapeur steam
un vaporisateur spray
un vendeur shop assistant
le vent wind
la vente sale (of goods)
Verseau Aquarius
veuillez voir please see
une véranda conservatory
vérifier to check
vers towards
en version originale (film) in the original language
le vide void
la vie intérieure inner (personal) life

Vierge Virgo
la vigne vine
mon village natal village where I was born
un virage bend (in a road)
le visage face
le plus vite possible as quickly as possible
la vitesse speed, gear (in a car gearbox)
vivent live, are living
la voile sail
le vol flight
le volant steering wheel
voler to fly
un voleur thief
volontaire wilful, voluntary
la volonté willing
vont avec go with, match
voter to vote
vraiment really

il y a longtemps que it's a long time since
y aura-t-il? will there be?
il y en avait there were … (of them)

Vocabulaire anglais — français

A

about environ
about, concerning à propos de
about ten une dizaine
abroad à l'étranger
access to the beach accès à la plage
acid rain la pluie acide
to act, to do agir
active actif, active
in addition en plus
admitted, allowed admis
good advice un bon conseil
to be afraid avoir peur
again à nouveau
aggressive agressif, agressive
I am je suis
ancestors les ancêtres
I've twisted my ankle je me suis tordu la cheville
anxious inquiet, inquiète
you make me anxious tu m'inquiètes
any n'importe quel(le)(s)
appearances les apparences
apple une pomme
apprenticeship un apprentissage
apricot un abricot
Aquarius Verseau
argument une dispute
Aries Bélier
artichoke un artichaut
as much as autant que
to avoid éviter
you will avoid tu éviteras
Austria Autriche
avocado pear un avocat
five minutes away à cinq minutes

B

to babysit faire du baby-sitting
that smells bad ça sent mauvais
(female) baker une boulangère
banana une banane
basement le sous-sol
rechargeable battery une pile rechargeable
to be être
will there be? y aura-t-il?
be careful sois prudent(e)
there'll be five of us on sera cinq
green beans des haricots verts
because of à cause de
minced beef du steak hâché
bend (in a road) un virage
beneath en dessous de
the best le meilleur, la meilleure
better mieux
so much the better tant mieux
biodegradable biodégradable
blocked bouché

blouse un chemisier
bold, daring audacieux, audacieuse
bordered by bordé(e) de
I get bored je m'ennuie
was born est né(e)
bossy autoritaire
brakes les freins
the brakes don't work les freins ne marchent pas
rare breeds les espèces rares
broken cassé
broken down en panne
built-up area une agglomération
buried enterré(e)
bypass (ring road) le périphérique

C

cabbage un choux
telephone call un coup de téléphone
Cancer Cancer
(skin) cancer le cancer (de la peau)
to do canoeing faire du canoë-kayak
Capricorn Capricorne
carbon la carbone
carbon dioxide le gaz carbonique
credit card une carte bancaire/de crédit
career une carrière
in that case dans ce cas
cashier un caissier, une caissière
cauliflower un choufleur
to do caving faire de la spéléo(logie)
certificate un certificat
chainsaw une tronçonneuse
by chance par hasard
to check vérifier
cheek la joue
cheeky gonflé(e) *(slang)*
goat cheese un fromage de chèvre
chequebook un chéquier
cherry une cerise
chicory des endives
childhood l'enfance
chinese chinois(e)
(lamb) chop une côtelette (d'agneau)
Christians les chrétiens
cleanliness la propreté
climate le climat
to climb grimper
he was climbing il grimpait
alarm clock un réveil
clothes les vêtements, les habits
cloud un nuage
coast la côte

colourless incolore
pale colours les couleurs claires
strong colours les couleurs fortes
comics des BD (bandes dessinées)
competition un concours
he used to complain il se plaignait
computer operator un opérateur sur ordinateur
in good condition en bon état
conservatory une véranda
constantly constamment
on the contrary au contraire
cooked cuit
to co-ordinate harmoniser
crazy fou(s), folle(s)
created créé
crew un équipage
cucumber un concombre
custom une coutume
to cut the lawn tondre la pelouse

D

daily quotidien
to deliver newspapers distribuer des journaux
that depends ça dépend
despite malgré
diet un régime
it doesn't make any difference to me ça m'est égal
disadvantage l'inconvénient
disappearance la disparition
discovered découvert
in the distance dans le lointain
diving la plongée
to do faire
I'll do it je le ferai
dolphin un dauphin
dormitory un dortoir
dozen une douzaine
HGV driver un chauffeur de poids lourd
drought la sécheresse
dry sec

E

Earth la Terre
at ease à l'aise
easily facilement
connection to electricity supply un branchement électrique
engine (is overheating) le moteur (chauffe)
engineer un ingénieur
enough assez
extremely enthusiastic passionné(e)

everywhere partout
except sauf
experiment une expérience
to the extent dans la mesure
to extinguish éteindre

factory une usine
factory worker un ouvrier,
une ouvrière
faded délavé
to fall tomber
falling en tombant
famous célèbre
not far from non loin de
farm products des produits
de ferme
farm worker un agriculteur
in fashion à la mode
as fast as possible à toute
vitesse
fat, grease la graisse
Whose fault is it? A qui la faute?
in favour en faveur
I'm fed up with it j'en ai assez
I fell down je suis tombé(e)
I fell out with je me suis
brouillé(e) avec
fertilizers des engrais
fill the tank (with petrol)
faites le plein
fires les feux
at first au début, d'abord
fishing la pêche
flat plat(e)
(battery) à plat
(tyre) crevé
flood une inondation
followed by suivi de
food la nourriture,
l'alimentation
forbidden (to) interdit,
défense (de)
forest fire un incendie de
forêt
free of charge gratuit
freezer un congélateur
French bread une baguette,
un gros pain (larger)
you make friends on se fait
des amis
my friends mes copains
the future l'avenir

gas le gaz
natural gas le gaz naturel
cars that run on gas voitures qui marchent
au gaz
CFC gases des gaz CFC

Gemini Gémeaux
I get on well with je m'entends
bien avec
ghost un fantôme
to go aller
we used to go nous allions
to go for a walk, drive
around faire un tour
I'm going to read je vais lire
grandad pépé
grandma mémé
grapefruit un pamplemousse
grapes des raisins
graph un graphique
grass la pelouse
grated râpé
it was great c'était chouette
Greek grecque
greenhouse effect
l'effet de serre
on the ground par terre

habit une habitude
hairdresser un coiffeur,
une coiffeuse
on the other hand de l'autre côté
hard, macho macho
hardworking travailleuse,
travailleur
harmful nuisible, nocif
haunted hanté
you have to il faut
health la santé
healthy sain
heart le cœur
heat la chaleur
hiker un randonneur
hill une colline
to hit battre
holidaymakers les vacanciers
second home une résidence
secondaire
honey le miel
I hope to j'aspire à
to do horse-riding faire du
cheval/de l'équitation
hundreds of years des
centaines d'années
hunger la faim
in a hurry pressé(e)

Imagine a holiday like that!
Figure-toi des vacances
comme ça!
inevitably forcément
injured blessé(e)
inside à l'intérieur
instead of au lieu de

irritated embêté(e)
that irritates me ça m'embête
island une île

jacket une veste
a spare time job un petit boulot à côté
to have a joke rigoler
You must be joking! Mon œil!
to jostle bousculer
journey un trajet, un voyage

he was killed il s'est tué
it kills ça tue

L

label une étiquette
at the latest au plus tard
that makes me laugh ça me fait rire
law la loi
I mow the lawn je tonds le gazon
lead le plomb
leadfree sans plomb
lemon un citron
lettuce une laitue, de la
salade
Leo Lion
Libra Balance
without a licence sans permis
lift un ascenseur
lighting l'éclairage
I'd like to try j'aimerais essayer
lip la lèvre
little by little petit à petit
loads of activities plein
d'activités
cottage loaf un pain de campagne
the locals les gens du coin
locked à clef
loose, casual
décontracté(e)(s)
lorry un camion
lorry driver un chauffeur
de camion
lost perdu
loyal fidèle
lucky chanceux, chanceuse

M

magnificent magnifique
flea market le marché aux puces
mature mûr
meadow une prairie
mean avare
mechanic un mécanicien

set menu le menu fixe
missed raté (*slang*)
money l'argent, le fric (*slang*)
moped un cyclomoteur
my moped ma mob(ylette)
with well-developed muscles musclé
mushroom un champignon

narrowly étroitement
nearby à proximité
neither ... nor ... nor ne ... ni ... ni
net un filet
by night par nuit
not me pas moi
not yet pas encore
nothing ne...rien
nothing at all rien du tout
nothing simpler rien de plus simple
nothing special rien de spécial
now ... now tantôt ... tantôt
nurse une infirmière

occupation un métier
odourless inodore
oil l'huile
(crude) oil le pétrole
onion un oignon
only ne ... que, seulement
if only si seulement
otherwise à part cela
outside dehors
to overtake doubler
ozone layer la couche d'ozone

P

packaging l'emballage
frying pan la poêle
to do paragliding faire du parapente
to park garer
country park un parc régional
parsley du persil
passenger un passager
password le mot de passe
pay la paye
peach une pêche
pear une poire
(large) pebble un galet
red/green pepper un poivron rouge/vert
petrol l'essence, le carburant

4 star petrol du super
out of petrol en panne d'essence
to pick cueillir
was picking cueillait
piece un morceau
pilot un pilote
pineapple un ananas
Pisces Poissons
pitch (for tent) un emplacement
place un endroit
pleasant agréable
pleasure le plaisir
plum une prune
plumber un plombier
poetry la poésie
poisoned empoisonné
they poke fun at me ils se moquent de moi
policeman, policewoman un agent de police
(large) pool un étang
postman un facteur
potato une pomme de terre
a net of potatoes un filet de pommes de terre
potholing la spéléo(logie)
pound une livre (weight)
price reduction un rabais
prices les prix
private privé
farm produce les produits agricoles
produced fabriqué
proper correcte
to provide fournir

queen la reine
as quickly as possible le plus vite possible
quiet le calme
to queue faire la queue

radiator un radiateur
radioactivity la radioactivité
radish un radis
a bunch of radishes une botte de radis
the rains les pluies
rainy pluvieux
rarely rarement
raspberry une framboise
raw cru
reasonable raisonnable
reception l'accueil
recipe une recette
to record enregistrer
world record le record mondial
recycling le recyclage
recycling bin un conteneur

regularly régulièrement
(staying) with relatives chez des parents
I relax je me repose
relaxed décontracté(e)
nature reserve une réserve
as a result par conséquent
retirement la retraite
return le retour
rhythm le rythme
rice le riz
bike ride un tour à vélo
right le droit
to the right à droite
risk le risque
(major) river un fleuve
rock un rocher, une roche
to do rock climbing faire de l'alpinisme
bread roll un petit pain
(made of) rubber en caoutchouc
rucksack un sac à dos
rupee une roupie

S

Sagittarius Sagittaire
sail la voile
sale (of goods) la vente
sales les soldes
salted salé
sandpit, sandbox un bac à sable
saucepan une casserole
to save (money) faire des économies
Scorpio Scorpion
seaweed une algue
please see veuillez voir
selfish égoïste
serious grave
shark un requin
to shelter abriter
shirt une chemise
shivered frissonné
shop assistant un vendeur, une vendeuse
(too) short (trop) court(e)(s)
short cut un raccourci
shy timide
silent silencieux
simply carrément
since depuis
since 11 o'clock depuis onze heures
it's a long time since il y a longtemps que
skin la peau
slave un esclave
slice une tranche
giant (water-) slide un toboggan géant
snack un casse-croûte
snug (fit) juste à la taille
soap le savon
socks des chaussettes

soft mou, molle
somebody else quelqu'un
d'autre
somewhere quelque part
sorry désolé(e)
**What sort of motorbike
have you got?** Qu'est-ce
que vous avez
comme moto?
lots of space plein de place
speed la vitesse
spinach des épinards
spit la salive
spiteful rancunier
soup spoon une cuillère
à soupe
spray un vaporisateur
I've stalled j'ai calé
I'm starving! Qu'est-ce que j'ai
faim!
nuclear power station une centrale
nucléaire
steam la vapeur
without stopping sans arrêt
gas stove un poêle à gaz
punnet of strawberries une barquette
de fraises
strawberry une fraise
stream un ruisseau
stressful stressant
to succeed réussir
such as tel que
suddenly soudain
sugar cane la canne à sucre
to supervise surveiller
surely sûrement
swan un cygne
sweetened, sugared sucré
I used to go swimming je me baignais
swimming certificate un
brevet de natation
swing une balançoire

fuel tank un réservoir
oil tanker un pétrolier
taste le goût
Taurus Taureau
teachers les enseignants,
les professeurs
terrific génial(e)
terrifying effrayant
test un contrôle
driving test passer son permis
that one celui-là, celle-là
thief un voleur
I think je crois

a third un tiers
thousands of years des
milliers d'années
threatened menacé
throw jeter
thumb le pouce
tight (-fitting) serré(e)(s)
time l'heure, le temps
to gain some time gagner du temps
**we used to
have a good time** on faisait la fête
at the same time en même temps
opening times les heures
d'ouverture
several times plusieurs fois
tin une cannette
tower la tour
track une piste
traffic la circulation
traffic jam un embouteillage
means of transport moyens de
transport
public transport le transport en
commun
to travel se déplacer
trees les arbres
to play tricks jouer des tours
supermarket trolley un chariot
to trust avoir confiance
type un genre
tyre un pneu

ugly moche
under sous
unemployed au chômage
until jusqu'à
up-to-date branché
no use fichu
to use utiliser
usually d'habitude

no vacancies complet
to value apprécier
vine la vigne
Virgo Vierge
to visit (people) rendre visite à
the void le vide
voluntary volontaire
vulnerable susceptible

W

walk une randonnée

to walk the dog promener
le chien
walnuts les noix
I want to j'ai envie de
to warm up se réchauffer
to wash the car laver la voiture
**washbasin/sink (at a
campsite)** un bac à laver
washblock (at a campsite)
un bloc sanitaire
washing machine
une machine à laver
nuclear waste les déchets nucléaires
toxic waste des déchets toxiques
to water arroser
water system le réseau
aquatique
waterfall une chute d'eau
the best way la meilleure façon
that way par là
weak faible
weapon un arme
put on weight grossir
welcome (la) bienvenue
well-dressed bien fringué,
sapé (*slang*)
wet mouillé(e)
whale une baleine
steering wheel le volant
whose dont
wild farouche
willing la volonté
windscreen un pare-brise
to wipe essuyer
as I wished comme je voulais
I wonder je me demande
wool la laine
(factory) worker un ouvrier, une
ouvrière
to work in a shop travailler dans
un magasin
worry un souci
so much the worse tant pis

Y

**I'm in year 9 (3rd year of
secondary, higher)**
je suis en quatrième
yesterday hier
youth hostel une auberge
de jeunesse
youth hostel wardens
les aubergistes

Z

sign of the zodiac un signe du zodiaque